一本书读懂数字经济

DIGITAL ECONOMY

李晓雨 杨欣 著

清华大学出版社
北京

本书封面贴有清华大学出版社防伪标签，无标签者不得销售。
版权所有，侵权必究。举报：010-62782989，beiqinquan@tup.tsinghua.edu.cn。

图书在版编目(CIP)数据

一本书读懂数字经济 / 李晓雨，杨欣著. —北京：清华大学出版社，2021.5（2024.5重印）
ISBN 978-7-302-58140-6

Ⅰ.①一… Ⅱ.①李…②杨… Ⅲ.①信息经济－通俗读物 Ⅳ.①F49-49

中国版本图书馆CIP数据核字(2021)第081544号

责任编辑：陈　莉　高　屾
封面设计：周晓亮
版式设计：方加青
责任校对：马遥遥
责任印制：刘海龙

出版发行：清华大学出版社
　　　　网　　址：https://www.tup.com.cn，https://www.wqxuetang.com
　　　　地　　址：北京清华大学学研大厦A座　　　邮　　编：100084
　　　　社 总 机：010-83470000　　　　　　　　邮　　购：010-62786544
　　　　投稿与读者服务：010-62776969，c-service@tup.tsinghua.edu.cn
　　　　质 量 反 馈：010-62772015，zhiliang@tup.tsinghua.edu.cn
印 装 者：北京同文印刷有限责任公司
经　　销：全国新华书店
开　　本：170mm×240mm　　印　　张：12.25　　字　　数：158千字
版　　次：2021年8月第1版　　印　　次：2024年5月第5次印刷
定　　价：58.00元

产品编号：092488-01

前言

世界正在大跨步迈入数字经济时代。预计到2025年，全球经济总值的一半来自数字经济。世界上主要的发达国家和新兴经济国家均将发展数字经济作为提升国家竞争力、促进经济增长和社会发展的重要战略之一。

2021年4月，由中国信息通信研究院发布的《中国数字经济发展白皮书(2021)》显示，2020年我国数字经济在逆势中加速发展，规模达到39.2万亿元，占GDP比重为38.6%，增速是GDP增速的3.2倍多，成为稳定经济增长的关键动力，有效支撑了疫情防控和经济社会发展。我国的数字经济已经进入快速发展期，充分地渗透和应用到生产、生活的各个领域。

在数字经济时代，数字素养已成为公民的核心素养。不论是劳动者还是消费者，不论是管理者还是普通员工，没有基本的数字素养都将寸步难行。提高数字素养既有利于数字消费，也有利于数字生产，是数字经济发展的关键要素和重要基础之一。2018年9月，我国国家发展改革委发布《关于发展数字经济稳定并扩大就业的指导意见》，明确指出:"到2025年,伴随数字经济不断壮大,国民数字素养达到发达国家平均水平,数字人才规模稳步扩大,数字经济领域成为吸纳就业的重要渠道。"

然而我们大多数人享用着数字经济带来的便利,却没有搞明白"大、云、智、物、移"等数字技术的实质、延伸,以及如何更好地应用;看到共享单车、滴滴、网红、自媒体、直播带货等层出不穷的经济表象,却没有深入了解数字经济的内涵,以及共享经济、注意力经济、零工经济和平台经济等的本质和发展趋势。

为什么数据会成为数字经济时代的关键生产要素?大数据的本质是什么?"刷"抖音为什么会停不下来?我们的工作在未来会被人工智能取代吗?区块链和比特币是什么?VR(虚拟现实)游戏能有多逼真?虚拟现实和元宇宙是一回事吗?"网红"月入十万元是真的吗?"斜杠青年"是怎样的一类人?直播为什么能火?抖音怎么玩?我们该如何从生活方式、工作模式和思维习惯上更好地适应这个时代,并如鱼得水,过上"神仙"一般的生活?本书将为你一一解答。

这是一本通俗易懂、能涵盖最广泛读者受众、内容更全面的科普型数字经济入门读物。其主要具有以下特色。

(1) **浅显易懂**。本书力求"信、达、雅",即:信,科学内容准确;达,文字流畅酣达;雅,格调风雅谐趣。全文用大众化的语言,描述深奥的事物。比如对于专业问题、原理等,借助更贴近生活的事例,使用适当的修辞手法来进行描述;对于专业术语,"跳"出科研人员惯常使用的语言思维,用大众化的语言直白地"翻译"给没有专业基础的普通读者。

(2) **系统全面**。本书涵盖了大数据、云计算、人工智能、物联网、移动互联网、区块链和虚拟现实/增强现实等主要的数字技术,具有系统全面、内在关联性强等特点，能让读者对数字经济的基础——数字技术有系统全面的了解，进而更清晰深刻地理解数字经济本身。

(3) 跨界融合。本书既讲底层技术，也论上层经济。除了介绍主要的数字技术，还重点讲述了数字经济，以及共享经济、注意力经济、零工经济等经济现象。重点不仅限于"网红"、主播等表面现象，而是深入解释其经济活动实质，如注意力为什么会成为财富，流量怎样变现等。

(4) 形式别致。每章内容以情景对话的形式引入，目的是向作者小时候最喜欢的科普书《动脑筋爷爷》致敬。相信很多人(从60后到90后)在小时候都看过这套科普书。小天真、小问号、动脑筋爷爷等鲜活的人物形象，让人印象非常深刻。于是，本书章前对话部分以长大后的小天真（萧天真）、小问号（温好）为主角，并加了胖子和大彭两个喜剧形象作为"捧哏"，一唱一和，烘托气氛，引入话题，使科普不再枯燥无味。

这又是一本看似不正经、实际很靠谱的科普书，力图将科学的严谨性和生活的趣味性融合在一起。

数字经济的一个最大特点是高频的、颠覆性的创新，那么，作为数字经济科普书是否也可以尝试着创新呢？

在泛娱乐化时代，读者群体渐渐以95后、00后为主。他们从小成长在互联网环境中，生活环境决定了他们新的生活方式、阅读习惯、审美品位及思维、语言、喜好等已经大大不同。

作者根据二十多年的阅读学习经验和十多年的教育教学经验，认为与其高大上兼刻板严肃地讲解科学理论知识，不如更接地气且轻松愉快地将知识带入生活场景，从讨论生活趣事着手，然后普及知识技能，这样读者更容易接受。

因此，本书进行了一次大胆的尝试，试着换一种方式讲科普。从标题到内容，除了化用了部分古诗词外，还套用了一些网络上常见的"梗"，虽然形式看似不正经，但标题力求扣题，内容严谨靠谱，所有知识技能等论述均经过业内专家学者多番指点修正而成。

由于作者水平有限，时间仓促，疏漏与不妥之处在所难免，恳请广大读者批评指正。

作者

目 录

缘起：梦寐以求的"神仙生活" / 001

1 平生不识"大数据"，纵称精英也枉然 / 007

1.1 何谓大数据 / 010

1.2 大数据的成长之路 / 013

1.3 大数据预测与高考押题 / 014

1.4 得大数据者，得天下 / 015

1.5 大数据之下的我们 / 017

1.6 大数据思维和寻宝游戏 / 019

1.7 数据安全，不可忽视 / 022

1.8 数据是宝，取之有道 / 026

1.9 大数据在数字技术中的基础和核心地位 / 028

1.10 总结：未来已来 / 029

2 行到水穷处，坐看"云计算" / 031

2.1 "组队打怪"在云端 / 036

2.2 自来水一样的云计算 / 037

2.3 云计算的五大优势 / 038

2.4 云计算的两种分类 / 040

2.5 云计算可不只是挖掘机 / 041

2.6 雾计算、边缘计算、霾计算 / 043

3 谁能煮粥温茶，赴汤蹈火，看我"人工智能" / 047

3.1 谁不想要个田螺姑娘 / 054

3.2 既然教不了，那就自学吧 / 055

3.3 "自学成才"的阿尔法狗 / 056

3.4 机器是怎么学习的 / 057

3.5 神经网络让计算机也有"脑回路" / 059

3.6 深度学习让"脑回路"更深 / 060

3.7 当前人工智能领域"最靓的仔" / 062

3.8 一气化三清，万法归一宗 / 063

3.9 "文青少女"微软小冰的爱情诗 / 064

3.10 "Ta"会取代你吗 / 066

3.11 当人工智能也会"搬砖"时 / 067

3.12 人工智能的无所不能 / 070

3.13 图灵测试和阿西莫夫机器人三定律 / 075

3.14 人工智能会叛变吗 / 076

3.15 一切皆有可能 / 078

4 凤箫声控，玉壶光感，皆属"物联网" / 081

4.1 人连人，人连物，物连物 / 085

4.2 假如物联网是人体 / 086

4.3 物联网的四大神通 / 088

4.4 在家云牧羊，不怕狼来了 / 090

4.5 万物智联，让魔法成为现实 / 093

5 竹杖芒鞋轻胜马，谁怕？"移动互联"唤吾弟 / 095

5.1 移动互联网 / 098

5.2 神器在手，天下我有 / 100

5.3 马作的卢飞快，网是5G人惊 / 106

6 众人对记"区块链"，一笔一笔复一笔 / 109

6.1 凡事都要记在小本上 / 112

6.2 区块链的用武之地 / 114

6.3 "一不小心错过了几个亿"的比特币 / 117

6.4 中国数字货币来了 / 119

7 "虚拟现实"卢生入梦，"增强现实"刘阮遇仙 / 123

7.1 带你做梦带你飞 / 126

7.2 让你见"Ta"让你"嗨" / 127

7.3 VR、AR的无穷妙用 / 129

8 数字经济，爱她先要懂她 / 135

8.1 数字经济的内涵 / 140

8.2 村花翠花养鸡的故事 / 142

8.3 中国的数字经济和新基建 / 145

9 "岂曰无衣？与子同袍"的共享经济 / 149

9.1 共享经济的真面目 / 152

9.2 共享单车为什么不是共享经济 / 153

9.3 数字技术是共享经济的背后"大佬" / 154

10 "斜杠青年"的零工经济 / 155

10.1 从过去的"星期日工程师"说起 / 158

10.2 数字技术让零工经济东山再起 / 159

11 "乱花渐欲迷人眼"的注意力经济 / 161

11.1 网红经济、粉丝经济、懒人经济等 / 164

11.2 眼球经济，醉翁之意不在酒 / 165

11.3 玩转抖音，从"青铜"到"王者" / 166

12 "独乐乐不如众乐乐"的平台经济 / 169

  12.1 数字技术来"搭台" / 171

  12.2 平台时代的到来 / 172

  12.3 "搭台"不能"霸台" / 174

13 维护数字主权,警惕数字霸权 / 177

  13.1 维护数字主权 / 178

  13.2 警惕数字霸权 / 179

参考文献 / 182

缘起:梦寐以求的"神仙生活"

未来的某日清晨,你从睡梦中醒来,耳边缓缓流淌着轻柔愉悦的音乐,灯光渐起,管家"白素贞"款款而来,温柔甜美地告诉你——

智能管家汇报了昨晚的睡眠情况:

睡眠496分钟,其中深度睡眠136分钟。

睡姿调换6次,仰卧369分钟,右侧卧73分钟,左侧卧54分钟。

呼噜1次,时长18秒,辅助纠正后消失。

入梦25分钟,呓语2分钟,是否听录音?

提到小白的名字7次,是否立即联系对方?

根据整夜体温、心率、血压、呼吸等变化,发现你近期压力较大,肩背肌肉绷紧,颈椎曲度有问题,建议你注意坐姿,做适量运动,并推荐你做健身操。是否设置定时提醒?

经智能床有针对性地按摩3分钟后,你精神饱满地起床洗刷。智能剃须刀、牙刷、梳子和马桶等采集数据,由镜子向你汇报腰围、体重、毛发、视力和体液等变化,提示你最近有点上火,需少食荤腥,多补充维生素。此时,管家立即通知厨房添加果蔬沙拉,并将所有数据上传至云端的智慧医疗保健中心。

数据显示,您上火了!

饭后,厨房自动清洗碗碟。你坐在沙发上,按下按钮,将茶几变成办公桌,对面幕墙列出今天的工作安排和场景流程。你和同样在家办公的同事,进行远程视频会议,并开始协同工作。

工作中……

主人,我秒变办公桌的技能666(很厉害)吧?

下午外出，换好管家递来的智能调节温湿度的纳米鞋和纳米衣服，坐上楼下等候的无人驾驶车，小憩片刻后到达目的地。你径直下车，它则自行泊车去了。

结束一天的工作后，无人驾驶车把你送至楼下。此时，家里柔和的黄色的灯亮起，智能厨房传来饭菜的香味。到门口时，智能门应声而开，站在门口的管家递过家居服。吃饭时，管家给大快朵颐的你讲起热门新闻和笑话段子，同时提醒你多久没有和家人通话了，与哪几位朋友很久没有联系了，建议你饭后与他们联络感情。

通过电话以后,你戴上VR头盔,和散落在天涯的老同学们玩了一会儿《模拟人生》。身临其境的你先和大家一起在康桥漫步闲聊,又结伴去侏罗纪砍了几只怪兽,还去长安看杨贵妃,跟李白喝了几场酒……最后去了2022年,体验当时的工作和生活,感慨上下班有点远,有点堵车,每天把太多的时间浪费在路上和生活琐事上。

最后，催眠小夜曲舒展弥漫，接受按摩护理的你缓缓进入梦乡……

呼吸、心率、血压、脑电波监测正在进行……

上述并非科幻，也非发生在很遥远的未来。以上的很多场景业已实现，有些已在市场推广，其他也将很快成为现实，并且会更加精彩。而这些，都源于我们所面临的璀璨时代——数字经济时代的到来。

出场人物介绍

天真

温好

天真，本名萧天真，高校教师，长年从事数字技术和数字经济教学，有点一言不合就开启科普模式的职业病。

温好，天真久别重逢的老同学，海归，2020年2月毅然回国在某研究院做医药研发工作，对数字技术颇感兴趣。

胖子

大彭

胖子，天真的好友，律师，好学，有上进心，业余钻研数字经济及相关法律法规，有点嘴碎，爱"怼"人。

大彭，胖子的表弟，待业，中专刚毕业，从老家来投靠胖子，是个喜欢问这问那的"好奇宝宝"。

1
平生不识"大数据",
纵称精英也枉然

9月20日19时　咖啡厅内　天真、温好、胖子、大彭在闲聊

看看你手机上的那些App。你喜欢看什么帖子和视频，今日头条和抖音知道；你和哪些朋友线上交流最密切，微信和QQ知道；你是否面临财务危机，花呗和余额宝知道；你今天心情好不好，微博和朋友圈知道；你喜欢听什么歌，酷狗和网易云知道；你喜欢什么菜系和口味，美团和饿了么知道；你买过什么，想买什么，京东和淘宝知道；你今天去了哪里，停留多久，正在哪里，高德和百度地图知道；百度和搜狗甚至还知道一些你埋在心底的疑问和不欲人知的秘密，比如暗恋谁或私房钱如何藏……

1 平生不识『大数据』，纵称精英也枉然

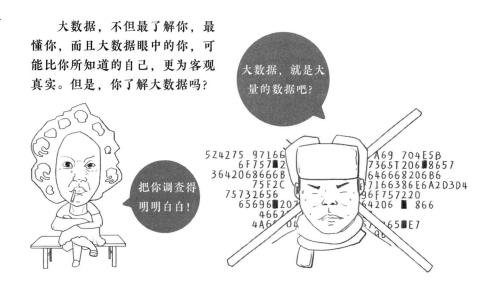

1.1 何谓大数据

大数据,可不仅仅是大量数据的意思。

美国麦肯锡全球研究所给出的定义是:**大数据(big data),是一种规模大到在获取、存储、管理、分析方面大大超出了传统数据库软件工具能力范围的数据集合,具有"4V"特征,即体量巨大(volume)、类别繁多(variety)、价值密度低(value)和处理速度快(velocity)。**

首先,**看"大"**。"大"不是量词,是一个相对的概念;作为形容词,表示数据"大"到"超出了传统数据库软件工具能力范围"的程度。

1. 体量巨大

目前，常见的手机存储容量为128GB，电脑硬盘存储容量为4TB，而大数据的起始计量单位至少是PB(1000TB)、EB(100万TB)或ZB(10亿TB)。

举个例子，从人类文明伊始发展至今，整个文明史全部的藏书数据量加在一起是1TB左右。而大型强子对撞机的运行实验，每秒就能产生40TB的数据。很多年前，百度首页导航每天需要提供的数据，就已超过1.5PB。互联网上的数据每年增长约50%，每两年翻一番。目前，世界上90%以上的数据是最近几年产生的。

2. 类别繁多

数据来源不仅限于传统的结构化数据，其中的非结构化数据日益增多，占比已经超过80%。

结构化数据，是指可以用预先定义的数据模型表述的数据，比如你的年龄、身高、体重、民族、学历等。非结构化数据，是指数据结构不规则或不完整、没有预定义的数据模型、不方便用数据库二维逻辑来表现的数据，如网页文章、图片、音频、视频、地理位置信息等。用手机拍照、录视频，从而生成的图片和视频就是非结构化数据。

3. 价值密度低

拿视频来说，也许10天不间断监控的视频文件，有价值的仅仅1.2秒。举个例子，在2014年美国波士顿爆炸案中，人们现场调取了10TB的监控数据(包括移动基站的通信记录，附近商店、加油站、报摊的监控录像，以及志愿者提供的影像资料)，最终找到了一张嫌疑犯的照片。

4. 处理速度快

数据在线，能够随时被调用和计算，是大数据的本质特征之一，因此数据处理遵循"1秒定律"。比如自动导航、实时监控等，如果不能实时响应，反馈秒级数据，就会失去其价值。

其次，**看"数据"**。数据一定要在线，即**广义互联网**(包括传统互联网、移动互联网和物联网等)**上的数据**。

因此，大数据不仅是大量的数据，而且类别繁多、要求快速处理，以至于**传统的数据技术和工具无能为力，并由此催生了很多新的大数据技术。狭义上的大数据技术**，主要指的是基于MPP架构(海量并行处理架构)的新型数据库集群、专为大数据批量处理而生的Hive、适合实时交互式SQL查询的Impala等；而**广义上的大数据技术**，则包含了相当一部分的云计算技术、人工智能技术、物联网技术、区块链技术等。

我们以树木与森林为例。如果把互联网上的数据比作树，早期是一棵小树苗；而大数据，不是一片小树林，也不是一棵参天大树，而是整个亚马逊热带雨林。其具有如下特点。

(1) 体量巨大。一棵树，一览无余；而亚马逊热带雨林，无法穷尽。

(2) 类别繁多。热带雨林既有低矮的美人蕉，也有80米高的望天树，大约每平方千米内有包括棕榈、金合欢和橡胶树在内的75 000多种树木。

(3) 价值密度低。亚马逊雨林中有被誉为"木中钻石"的蛇纹木，但很稀少，更多的还是价值很低的各类灌木。

(4) 量变引起质变。一棵树遮雨也勉强，一片树林可以阻挡风沙，而亚马逊雨林，被誉为"地球之肺"，可以调节全球气候，是一个庞大的生态系统和生物资源宝库，对人类影响巨大。

在实际应用中，**术语"大数据"的内涵已超出定义本身，我们通常所说的大数据，多半指的是"大数据(现象)"**。例如，在统计学中，当能够收集足够的个体数据，并能够不用抽样，直接对所有数据进行统计分析时，也称为"大数据(现象)"。

总之，"大数据"这个词，热度高，混用率也高。在一些书籍、宣传材料和网帖中的"大数据"，除了指大数据(现象)，还常指海量数据和大数据技术的结合，有时指海量数据本身，有时也指大数据技术，有时还指大数据应用平台、大数据专业或领域，这时就需要结合上下文来理解。

1.2 大数据的成长之路

大数据，与互联网的发展密切相关。从数据增长角度看，互联网经历了以下三个发展阶段。

(1) Web 1.0阶段，PC(个人计算机)互联，主要是计算机和计算机连接。该阶段处于门户网站时期，互联网上的数据是通过网易、新浪、搜狐这样的门户网站发布给网民看的。数据生产者主要是网站编辑，网民只能**被动接收数据**。

(2) Web 2.0阶段，移动互联，实现了人与人的充分连接。此时已进入自媒体时代，随着手机、PAD等终端设备的深入普及和移动互联网技术的发展，网站与网民、网民与网民可以非常便捷地交流互动，比如论坛、微博、抖音、自媒体等。所有网民成为数据的主要生产者，**主动生产数据**。

(3) Web 3.0阶段，万物互联，开始实现物与物的连接。发展到了物联网阶段，像传感器、摄像头之类的电子设备能够24小时不间断地**自动产生数据**，占据互联网数据来源的大部分。随着工业互联网、数字家庭和智慧城市的进一步发展，这部分的比重将会越来越大。

经历了"**PC互联—移动互联—万物互联**"和"**被动—主动—自动**"的发展，互联网上的数据呈指数级增长，数据量极速扩"大"，就成了大数据。

1.3 大数据预测与高考押题

《三国演义》有"卧龙凤雏，得一可安天下"的说法，现在流行"得数据者，得天下"。两者有什么相同之处呢？前者推演预测、出谋划策，后者一样可以**预测趋势，辅助决策，这是大数据的核心价值**。

首先，数据是一切决策的基础。在这个利用数据做出决定的世界里，我们掌握的数据越多，做出正确决定的概率就越大。之前，我们主要依赖不到20%的结构化数据进行决策，现在大数据可以帮助我们利用另外80%多的非结构化数据决策，并且，我们以前认为不可采集、存储、分析的很多事物都被数据化。**大数据具有更多的数据维度、更快的数据频度和更广的数据宽度**，使我们的视野和思考也比以前更广阔、更深入、更及时和更多角度。

其次，大数据结合数学算法，通过对海量数据进行分析，能挖掘出巨大的价值，对未来也有很好的预测价值。

小数据时代的数据量有限，专家基于学识经验，根据少量数据做出判断，准确率比较依赖专家的专业能力。现在，数据量极为庞大，对数据处理的要求非常高，只有大数据才能很好地处理，并能更好地充当起专家角色。

举个例子，百度预测通过对过去八年高考作文题及作文范文、海量年度搜索风云热词、历年新闻热点等原始数据与实时更新的"活数据"进行深度挖掘和分析，为考生预测高考作文命题。2018年，百度宣称成功押中全国18道高考作文题中的12道，包括上海卷的"自由"主题。

可以说，**大数据帮我们判断和预测的时代已然来临**。

1.4 得大数据者，得天下

大数据，是世界数字化的产物。数字化的本质是进行大规模的在线数据处理。工业数字化产生了工业大数据，农业数字化产生了农业大数据，金融业数字化产生了金融大数据。

大数据，意味着能以数字信息形态更好地理解、管控、预测和改造世界。数据已经成为继土地、劳动、资本后的第四大生产要素。一方面，对大数据的掌握程度可以转化为经济价值的来源；另一方面，大数据撼动了世界的方方面面，从商业科技到医疗、政府、教育、经济、人文以及社会的其他各个领域。

大数据可以结合物联网进行有效的农业环境监测，以数据驱动农业进行精准化操作，极大地提高生产效率，并让农产品从田间到餐桌全程可追溯，**推动传统粗放式的农业向集约化、精准化、智能化、数据化的现代农业转变。**

大数据可以帮助工业制造业加速产品创新，优化生产流程，为能效管理、设备整体效率提升、生产计划安排等提供实时在线分析和决策支持，提高仓储、配送、销售等完整产品供应链的效率，降低运营成本，指导管理者了解企业的发展态势及经济运行，**实现工业制造的数字化、网络化、智能化。**

大数据可以**帮助政府实现市场经济调控、公共卫生安全防范、灾难预警、社会舆论监督等**。政府部门握有构成社会基础的原始数据，比如气象数据、金融数据、信用数据、电力数据、煤气数据、自来水数据、道路交通数据、客运数据、刑事案件数据、住房数据、海关数据、出入境数据、旅游数据、医疗数据、教育数据、环保数据等。如果政府能将这些单一的、静态的数据进行有效的关联分析和统一管理，其价值是无法估量的。

大数据可以**帮助城市预防犯罪，实现智慧交通，提升紧急应急能力**。现在，我们的城市都在走向智能和智慧，比如智能电网、智慧交通、智慧医疗、智慧环保、智慧城市等，这些都依托于大数据。

大数据可以**实现智慧教育**。大数据会记录每个学生个体的微观表现。比如，他在什么时候翻开书，听到什么话时认真点头，开小差时要浪费多长时间，在一道题上停留了多久，主动问老师多少次，被提问多少次，会向多少同学发起主动交流等。通过大数据分析，可以让学生及时发现自己的缺点，也可让教师更好地因材施教。

大数据可以**帮助企业提升营销的针对性，降低物流和库存的成本，减少投资的风险，提升广告投放精准度**。举个例子，每天都有海量的交易和数据流动在阿里巴巴的平台上。阿里巴巴通过对商户最近100天的数据分析，能清楚哪些商户可能存在资金问题。贷款部门可凭以上分析报告与潜在的贷款对象沟通，准确度相当高。数据往往比文字更真实，更能反映一个公司的正常运营情况。

大数据还可以帮助纪检监察部门追踪某些官员及家属在国外的行踪和资产等信息来反腐倡廉；帮助医生和科学家预测病人对于某些疾病的易感染性，减少治疗过程的时间和花费，并实施更精准的治疗方案；帮助娱乐行业预测歌手、歌曲、电影、电视剧的受欢迎程度。

总之，**大数据被认为是"未来的新石油"**，在社会生产、流通、分配、消费活动以及经济运行机制等方面发挥着极其重要的作用。

1.5 大数据之下的我们

如今，大数据主要用于商业领域。但对我们个人而言，大数据的意义和影响同样重大。

(1) 大数据为我们提供了一个前所未有的审视现实的视角，在逐渐改变我们与世界交流的方式，重塑我们的生活方式，包括做决定和理解现实的基本方式。

① **大数据正改变我们探索和认知世界的方法**。在小数据时代，我们对很多事物的量化能力有限，需要先从能采集到的有限数据里推导出一个假想，再收集更多的数据，以不断证明或推翻这个假想，来理解事物的运作。在大数据时代，我们可以获得与事物相关的所有数据。**数据会直接告诉我们，事物是具体如何运作的**。

举个例子，以前看病，只能根据有限的望闻问切手段，结合医书和经验，逐步推断病情变化，有时可能判断失误；现在的医疗仪器可对人体的血压、体温、脉搏、出汗指数、脑电波频率等实现24小时不间断监测，并记录数据，病情变化全部被数字化呈现，不需要更多地依靠医生的经验诊断。

② **大数据既能让我们"面向已经发生的过去"，更能"面向即将发生的未来"**。我们可以基于大数据及其预测模型来预测未来某件事情发生的概率，从而做出最优选择和应对复杂情况的方案。过去，拥有知识意味着掌握过去；现在，还意味着能够预测未来。

(2) 大数据在实用层面帮助我们解决了大量的日常问题，使生活、学习和工作更加数字化、智能化，让我们表现更佳、更富效率、能力更强。

① **节省时间，提高效率，让生活更便捷舒心**。以衣食住行为例。我们在网上买衣服，什么值得买等比价网站通过海量的产品信息，比如抓取天猫、京东的数据，将价格由低到高排列，提供尽可能多的优惠信息；我们搜索衣服的浏览数据等也会被记录，随后电商平台会根据衣服风格、款式、颜色搭配及价位等数据，推送合乎我们需求的衣服；外卖平台收集我们的点餐数据，了解到订单时间、个人口味以及是哪家店的"粉丝"，并植入推荐系统，让订餐环节更精准、有效、快速；在买房子或租房子时，大数据会根据我们的喜好做相应的推荐；开车时使用导航，可知道预计时间、具体路线、道路拥堵情况和停车场位置等。

除了息息相关的生活缴费、网上办事、出行购物等，休闲娱乐同样离不开大数据。微博、抖音、头条等，让人刷到停不下来，就是因为其根据用户之前的搜索喜好、收藏点赞类型、停留时间、浏览深度等，并且结合一定的统计筛选算法，做出相关的推送。

② **提供知识，整理分析，让学习工作得心应手**。借助大数据技术，工作中的数据收集、整理和分析等会更加省时省力。

大数据时代，也是"信息+知识时代"，迫使我们必须高效、精准地获取知识，跟上时代的节奏。各种知识类平台及App飞速发展，如得到、喜马拉雅、蜻蜓FM、豆瓣FM、知乎live等。无论想学什么，从文字、图片到视频互动，各类教学资源应有尽有，可随时随地提供。

同时，结合了大数据技术的搜索引擎更加智能化，比如百度的Magi、阿里巴巴的Quark等，将互联网上的海量信息构建成可解析、可检索、可溯源的结构化知识体系，提供更加丰富、生动的知识检索，重新定义知识学习。

我们将越来越离不开大数据。作为大数据的提供者，也是大数据应用的终端用户，我们手机上所有的App，都与大数据有关。一早醒来，钉钉提示你考勤打卡还剩45分钟；百度导航告诉你根据道路拥堵情况预计开车到单位需要31分钟，或者告诉你公交车12分钟后到站，步行到站台需要7分钟；工作中的各类报表更是以数字化形式呈现；下班后，用支付宝付款买菜，App显示付款金额为18.8元；回家后，微信步数显示8936步；睡前聊微信、刷抖音，会产生大量浏览数据；睡梦里，可穿戴设备会默默记录你的睡眠情况。**大数据作为从现实世界到数字世界的映射和提炼**，使得我们沉浸在数字世界的时间已超过关注现实世界的时间，且在日益增长中。

1.6　大数据思维和寻宝游戏

大数据，开启了一场轰轰烈烈的寻宝游戏。小数据时代无法获得的数据，现在可以获得；小数据时代无法实现的计算(如数据的实时分析)，现在可以实现。

举个例子，手机定位，以前做不到，但是现在可以。这些位置数据有什么用呢？从每天准时往返两个地点，可以看出你是上班族，起点是家庭住址，另一处是单位地址；从时间和路线上，可以看出你有无开车，有车可以向你推销车险，没车就向你推销新车，这还只是简单的人工分析。再进一步，有人研发出防走失的儿童手表，有人发明了记录运动的健康手环，都获得了丰厚回报。

因此，**我们对数据持有的看法，直接影响获得的价值，而这是大数据时代"寻宝"的关键**。在小数据时代，我们一直认为"正确"的或"最佳"的理念、理论、方法、技术和工具越来越凸现出其"局限性"；在大数据时代，我们需要改变思维方式，具备大数据思维。

1. 全量思维

全量思维，分析所有的数据样本，而不依靠抽样分析。看问题的角度从局部扩展到整体，数据越大，真实性也就越高。

正如统计学所言，只有拥有全部样本，才能找出规律。抽样分析是以点带面、以偏概全的思维，而全量分析能反映出全部数据的客观事实。大数据能让我们清楚地看到抽样样本无法揭示的细节。

2. 模糊思维

模糊思维，接受数据本身的纷繁复杂，不再追求准确性。现实中的数据本身存在异常、纰漏、疏忽，甚至是错误的。我们用全量数据进行分析，虽然在不精准的实际数据上得出的结论不会非常精准，但最接近客观事实。

大数据纷繁多样，优劣掺杂，增长迅速，实时变化，分布在全球很多服务器上。在如此海量实时的数据面前，追求绝对精准是没有必要的。大数据让我们适当忽略在微观层面对精确度的追求，更多关注宏观层面，以拥有更好的洞察力。

比如，买一条鲤鱼，会精确称量到"两"的单位，但如果买的是一头鲸，就不会再精确到"两"了。

3. 相关思维

相关思维，不再探求因果关系，转而关注事物的相关性。通过数据挖掘，我们能够看到数据的关联现象和事物的相关性，但不一定知道其因果关系。

大数据告诉我们"是什么"而不是"为什么"。基于海量数据的分析得到的结果，有时很难理清其中的逻辑，有些内在关系的基础我们至今仍未掌握，但是大数据让我们看到了很多以前不曾注意到的联系，掌握了以前无法理解的社会动态。

比如，燕子低飞要下雨，是古人通过长期观察得出的结论。古人肯定知道，不是因为燕子低飞才下雨，虽然不明其理，但是不妨碍未雨绸缪。

总之，我们要掌握大数据思维，并不是抛弃抽样思维、精准思维和相关思维，而是要突破思维局限，认真审视大数据时代的一切事物，从中发现宝藏。

1.7 数据安全，不可忽视

大数据，是一柄双刃剑，既为我们的生活带来了极大的便利，也带来了诸如"大数据杀熟"、个人隐私泄露等现实风险。

所以平时上网以及使用各种App时，要提高安全防范意识，养成良好的习惯。

(1) 谨慎提供个人信息。 在使用各类网络账号时，除了不可避免的"实名认证"，不要在个人资料中随便填写自己的真实信息。尽量不在社交平台晒照片和暴露个人真实信息及私密信息(如姓名、年龄、出生日期、身份证号码、手机号、住址等)，或者尽量避免陌生人看到这些信息。

(2) 谨慎提供手机应用授权，仅提供必需的授权。 用安全软件关闭各种程序访问通讯录和获取通话记录等的隐私权限，除非确实必要。金融服务尽可能选择持牌金融机构，其他行业尽可能选择行业头部的知名机构。禁止购物类App获取定位信息，这样能杜绝大数据根据地理位置来推荐广告等。

(3) 多平台、多账号比较价格，避免大数据杀熟。 可先不登录账户进行查询，然后再登录账户进行购买，如果前后价格有差异，就要小心了。也可备一个"小号"，平时不用作购买，只用来比较价格，登录常用账号用无线局域网，登录"小号"用蜂窝网络，同时关闭网站的信息跟踪功能。

(4) 使用主流浏览器都有的"禁止跟踪"功能。 使用浏览器时，开启"无痕浏览"功能，或者在浏览器选项中稍加设置，选择"退出浏览器时,自动清除浏览痕迹"和"一律不保存密码",不要选择启用"自动填充"功能。

(5) **妥善保管自己的账号、密码、证件及设备**。尽量在不同的网站平台使用不同的账号,并用不同的邮箱注册和关联,尽量避免直接使用手机号作为账户名。

(6) **尽量不在网上做姓名测试或算命**。当输入姓名和生日、出生地等信息进行查询时,这些信息也会随之泄露。同样,不要在网上玩一些趣味游戏,比如要求输入姓名、性别、属相、星座或生日,然后和某些名词一一对应,串成一组有趣的词语,这很容易被逆推出个人信息。

(7) **不定期修改密码**。不要把密码设置得过于简单,不少于8位,使用大小写字母、字符、特殊符号和数字等复杂组合。不要将生日和手机号码作为密码,不可在不同账号上使用通用密码。一定要开启并使用网络账户上的登录保护,诸如验证码、短信验证码、手机令牌和微盾等。

(8) **不随意在微博、微信朋友圈晒私密照片**,如家中照片、孩子照片、单位照片、贵重物品照片等。可以"晒"花草风景照片,但是要在关掉定位以后拍照,照片的EXIF信息中包含GPS地址等;如果想"晒"机票、火车票、购物小票等,要先做模糊处理。

(9) **安装电脑软件或手机App时,应选择可信渠道,不下载、安装和使用来历不明的程序软件**。不随意打开垃圾邮件、垃圾短信或扫描不可信的二维码。关闭微信、支付宝等"通过手机号搜索到我""通过QQ号搜索到我""通过邮箱搜索到我"等功能。

(10) **手机和平板不要"蹭"免费Wi-Fi**,不要随便使用公共Wi-Fi,Wi-Fi开关最好关闭。在使用家庭无线局域网的时候,为防止被蹭网,可用无线路由器绑定电脑和移动设备的MAC地址。

(11) **不把重要信息保存到电脑和手机,也尽量不使用网盘和云存储，以免信息被窃取。尤其是重要文件、隐私信息、商业秘密、公司内部文件等，一定不要保存到网盘和云存储上。可以把数据资料保存到移动硬盘，存储重要数据的移动硬盘不外借，不随便插接公用电脑。U盘具有小巧、易携带等特点，但其稳定性不如移动硬盘，有丢失数据的风险。要及时更新电脑和手机上的安全防护软件，不定期杀毒。

(12) 在使用智能手机通话和发送信息时，有被黑客监听的风险，而使用非智能手机通话和发信息相对安全。 出于信息安全考虑，如果不怕麻烦和条件允许，可以配备三部手机：功能手机用来通话和发信息；一部智能手机或平板电脑用来上网、刷微博、玩微信、看电影、玩游戏等；另一部智能手机作为金融交易专用手机，用来登录网银、炒股、网络购物等，该手机的号码不对外公开，用安全软件彻底检测和杀毒，设置好开机密码，进行金融交易时，为了安全起见，只使用蜂窝网络，不使用无线局域网。

(13) 废旧手机和电脑不要随便丢弃或售卖。 在丢弃或售卖前，对于电脑，最好拆除内存条和硬盘；对于手机，最好拆除存储卡，或者使用专用工具对电脑硬盘做一次"已删文件擦除"处理。

(14) 快递单、实名制火车票、存取款凭条和刷卡回执单等重要单据，不要随便丢弃，应保管好，并不定期进行销毁处理。 快递单不仅要涂抹收货人信息，还要涂抹运单号，因为通过运单号也可以查询到签收人信息，所以最好剪碎快递单。

(15) 在日常生活中，不要随便暴露个人信息。 尽量少办理会员积分卡或打折卡，这样会把个人信息透露给商家。街头发放的调查问卷，切不可随便透露姓名和真实信息。网上的调查问卷，不要贪图奖品随意作答。

**(16) 在电脑上登录微博、QQ、邮箱等网络账号时，最好用手机客户端扫描登录页面的二维码登录，既免去手动输入账号密码的麻烦，又能最大限度地保护密码安全。另外，不要在导航网站页面直接登录邮箱，而是要到邮箱网站的登录页面进行登录，以免账号和密码被导航网站的后台窃取。

(17) 用电脑登录网银、购物网站和邮箱等个人账号时，完成操作后必须点击"登出"或"安全退出"，待退出系统以后关闭页面。否则，即使关掉页面，其在服务器上还处于登录状态。

(18) 在电脑上删除重要文件时，不要只删除到回收站，可用安全软件上的"文件粉碎工具"将文件直接粉碎。不定期使用专用工具对电脑硬盘做"已删文件擦除"处理，以防日后被人为恢复。

(19) 像苹果之类的手机，**建议开启限制广告跟踪**。否则，你浏览过的产品信息都会被记录下来。比如，如果你在京东浏览过信息，手机就会储存一个溯源码，在你打开爱奇艺以后，若有相关的广告植入，手机就会调取该溯源码显示广告。

(20) 手机、平板、笔记本电脑基本都有内置摄像头，都存在被黑客偷偷开启的风险，尤其在使用无线局域网时。如果不经常用，可用贴纸遮盖摄像头，需要时再揭开。住宾馆、公租房时，要检查有无针孔摄像头。

(21) 在外购物出示手机付款码时，注意周围环境，要小心遮挡，防止被隔空盗刷。

当然，在大数据时代，隐私不可能被完美保护。过于在意个人隐私，拒绝一切需要提供个人信息的服务，也会给自己造成诸多不便。因此，**我们要有选择地允许个人信息的使用授权**，来获得更精准优质的服务。

1.8 数据是宝，取之有道

我国一直非常重视网络数据安全和个人信息保护。2016年11月，我国颁布了《中华人民共和国网络安全法》(以下简称《网络安全法》)，建立了网络数据安全相关制度；2021年6月10日第十三届全国人民代表大会常务委员会第二十九次会议通过《中华人民共和国数据安全法》。数据安全已成为网络安全乃至国家安全法制体系中的核心内容之一。

在数字经济时代，数据既是财富，也是生产要素，只有数据流动起来，才能创造更多的价值。因此，要动态保护数据，确保在各类场景下收集、利用、流转、开放、共享等不同行为的安全与自由。应用场景的差异会形成不同的正当价值和安全风险，**网络数据安全立法的基本思路是进行分级分类的动态保护**。根据《中华人民共和国网络安全法》第二十一条的规定，网络运营者应当采取数据分类、重要数据备份和加密等措施。《中华人民共和国数据安全法》第二十一条提出："国家建立数据分类分级保护制度，根据数据在经济社会发展中的重要程度，以及一旦遭到篡改、破坏、泄露或者非法获取、非法利用，对国家安全、公共利益或者个人、组织合法权益造成的危害程度，对数据实行分级分类保护。"由此可见，**国家成为数据分级分类的主体**，分级分类不仅包括制定重要数据目录，更需要结合典型的数据应用场景制定配套的网络数据安全法规。

根据《信息安全技术个人信息安全规范》，个人数据可以划分为一般数据、敏感数据和高度敏感数据三类。其中，**收集一般个人信息**，应向个人信息主体告知收集、使用个人信息的目的、方式和范围等规则，并获得个人信息主体的授权同意；**收集个人敏感信息**前，应征得个人信息主体的明示同意。应确保个人信息主体的明示同意是其在完全知情的基础上自愿给出的、具体的、清晰明确的意愿表示。此外，个人生物识别信息属于高度敏感数据，**收集个人生物识别信息**前，应单独向个人信息主体告知收集、使用个人生物识别信息的目的、方式和范围，以及存储时间等规则，并征得个人信息主体的明示同意。对于这些推荐性国家标准中的管理性规范，需要通过立法程序转化为相应的法律规则。

像淘宝、微博等互联网平台，虽然掌握了大量用户的个人信息，但是未经用户授权，不能随意使用，否则违法。《网络安全法》第四十一条明确规定："网络运营者收集、使用个人信息，应当遵循合法、正当、必要的原则，公开收集、使用规则，明示收集、使用信息的目的、方式和范围，并经被收集者同意。网络运营者不得收集与其提供的服务无关的个人信息，不得违反法律、行政法规的规定和双方的约定收集、使用个人信息，并应当依照法律、行政法规的规定和与用户的约定，处理其保存的个人信息。"

2020年10月13日，第十三届全国人大常委会第二十二次会议审议《中华人民共和国个人信息保护法(草案)》。草案规定，侵害个人信息权益的违法行为，情节严重的，没收违法所得，并处5000万元以下或者上一年度营业额5%以下罚款。其中，5%的额度超过了在个人信息保护方面规定"最严"的欧盟。

1.9 大数据在数字技术中的基础和核心地位

数字技术作为数字经济的基础，应用最广泛的是"大云智物移"，分别指大数据、云计算、人工智能、物联网、移动互联网等5项。

大数据在"大云智物移"中，处于基础和核心地位。 数据的生命周期一般分为采集、存储、传输、处理和应用5个阶段。结合生命周期来看：

① 大数据的采集主要来自物联网，大数据技术也能让物联网充分发挥价值；

② 大数据的存储管理，需要云计算平台，即云存储；

③ 大数据在广义互联网上传输；

④ 大数据的分析处理和实时响应需要人工智能，人工智能当前的主要实现途径是深度学习，深度学习需要大数据提供足够的数据训练来发展智能；

⑤ 对于大数据的应用落地，移动互联网起到了重要的推动作用。

同时，云计算还为人工智能提供充沛算力，物联网与人工智能会进一步结合成为智联网。

因此，"大云智物移"包括区块链、VR/AR等数字技术相互依存，密不可分。在其中，大数据是基础和核心。

如果将大数据比作巨大的矿山，那么云计算就是挖掘机。我们培养一只叫作"人工智能"的宠物来帮忙，喂养它需要大量矿石(即大数据)。矿石像煤一样，主要由大量叫作传感器、摄像头等的树木转化而来，它们组成的森林就是物联网。矿石在叫作移动互联网的炉子里燃烧，给携带手机的我们带来了光和热。

1.10 总结：未来已来

大数据的出现，具有划时代的意义，代表了我们人类测量、记录、分析和研究世界的渴望和进展，也标志着我们在对世界的量化和理解的道路上前进了一大步。 具体表现为互联网开始进入到万物互联的物联网阶段，现实世界进一步数据化，数据世界全面渗透进我们生产和生活的方方面面。

大数据业已成为理解和解决当今许多紧迫的全球问题所不可或缺的重要工具，如抑制全球变暖、消除疾病、提高执政能力和发展经济等。在应对海洋污染问题时，就需要对各类污染的相关数据进行收集分析，指导研究方向，找出解决问题的方法。然而，这些也不过是大数据真实价值的冰山一角。

对我们个人而言，大数据同样意义重大。**大数据为我们提供了一个前所未有的审视现实的视角，在实用层面帮助我们解决了大量的日常问题。**我们正日益沉浸在数字世界里，离开数字技术，将越发寸步难行；反之，利用好数字技术，将会如虎添翼。因此，擅于灵活运用大数据思维，并具备一定的数字素养和数字技术能力，熟悉数据安全、个人信息安全方面的法律法规，将变得尤为重要。

在数字经济时代，数据既是财富，又是生产要素。大数据必然处于**基础性核心地位**，现在绝大多数的数字技术和经济现象都与它有着千丝万缕的联系。欲读懂其他数字技术，必先懂大数据。

未来已来，引用《马云：未来已来》一书中的宣告：未来30年是人类社会最精彩的30年，是令人期待的30年，也是令人恐惧的30年。

无论你想，或是不想，大数据就在那里。新时代的浪潮已经奔涌而来，里面有数不清的机遇，抓住任意一个风口，就能让你和独角兽企业的创业者一样迅速积累财富，声名鹊起，但风口中也有数不清的让人迷失溺亡的陷阱和漩涡。而我们，即使做不了浪涛之巅的弄潮儿，也要努力成为乘风破浪的健泳者，尽情拥抱这个新时代。

2
行到水穷处,坐看"云计算"

10月2日15时　烧烤园的草坡上　天真、温好、胖子、大彭在烧烤

2 行到水穷处，坐看「云计算」

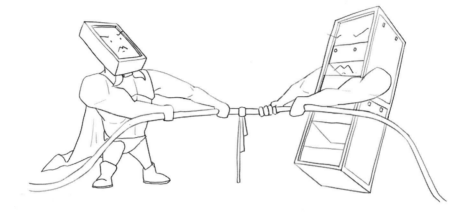

以如今的技术发展速度,相信在不久的未来,我们的电脑和手机会完全合体,其体积只有纽扣般大小,通过激光投影出虚拟屏幕和键盘,联网算力无限。我们带上它,就像随身带着一台超级计算机。

2.1 "组队打怪"在云端

云计算，最简单的解释就是云集起来的计算资源。

比如处理大数据时，一台计算机应付不了，就两台，两台还不行，那就N台。于是，分布式计算出来了，然后衍化出了云计算。

毕竟，计算机也知道组队打怪比单刷快。

当雄心勃勃的计算机们尝到团结协作的甜头后，就组成了团伙，力量空前强大，但开销也巨大，必须不停接单，以维持团队运营。

哪里接单最快，能做到随叫随到？自然是互联网。

下面，我们用拆字法解释云计算。

先看"云"字。云，指代网络(互联网一般都会被画成一朵云的形状)，**取"线上、在线"之意**，也包含"云集、聚合"的意思。

比如，现在流行"云走秀""云逛街""云购物""云路演"等，就是用户通过互联网观看在线举行的走秀、路演等。**从线下到线上并聚合的过程，通常被称为"云化"或"上云"**；将走秀、商品等资源聚合在一起的线上平台，往往被称作"云端"或"云平台"。

再解释**"计算"**。与计算机不是只用来"计算"一样，"计算"的涵盖面很广，既包括CPU、内存、硬盘等提供计算、存储、网络服务的**硬件资源**，也包括提供数据或应用服务的**软件资源**，统称应用、数据和服务。

简单来说，**云计算就是让用户通过互联网来使用在云端的应用、数据和服务。**

2.2 自来水一样的云计算

再看一个比较流行的定义：**云计算，是一种按使用量付费的模式。** 这种模式提供可用的、便捷的、按需的网络访问，进入可配置的计算资源共享池(资源包括网络、服务器、存储、应用软件、服务)，这些资源能够被快速提供，只需投入很少的管理工作，或与服务供应商进行很少的交互。

举个例子，以前喝水，家家户户要打井，投入大量人力物力。而现在自来水厂铺设管道供水，水龙头一开，水就来了，要多少有多少，按使用量缴费。

如果把水比作计算资源，那么自来水管就相当于可进行网络访问的互联网，自来水厂则相当于服务供应商，建有云端的计算资源共享池，家家户户是用户或客户端。

用户只需要选择一家云服务提供商，注册账号，登录到云控制台，根据需要去购买和配置服务，比如云服务器、云存储、CDN(内容分发网络)等。平时用一台笔记本或者一个手机，就可以随时随地通过网络服务来控制计算资源，就好像云服务商为每个用户提供一个数据中心，能够完成包括超级计算这样的任务。

因此，**与其说云计算是一种技术，不如说其更像是一种全新的网络**

应用理念：以互联网为中心，在网站上提供快速且安全的云计算服务与数据存储，让每一个使用互联网的人都可以使用网络上的庞大计算资源与数据中心。

2.3 云计算的五大优势

云计算有哪些优点呢？

举个例子，小美是"白富美"，追求者众但恐婚，养了些护院，平时也足够抵挡；但每到春节，追求者暴增百倍，护院就会崩溃。若加些护院，平时闲置，开销太大；若不加，春节时就会崩溃。为此，她十分苦恼。

某云是雇佣兵，一日找到小美说，小美啊，你看我，优点多多。

第一，麾下有几百万个服务器小弟，猛将如云。雇佣我，再来十倍的追求者，咱也不怕。

第二，不管你身在何方，小弟们招之即来，来之能战，一切听你指挥。不管他们原先是张三还是李四，都能装扮成你的人，你当是谁就是谁。

第三，平时给你安排100个，春节安排100万个，满足需求不浪费。

第四，收费公道，100个收100个的费用，100万个收100万个的费用。

第五，小弟们都接受过长期专业的军事化训练，能力卓越，完爆业余护院。

由此，我们可以总结出云计算的5个主要特点。

(1) 超大规模资源整合

"云"一般具有相当的规模，一些知名的云供应商(如谷歌云计算、亚马逊、IBM、微软、阿里巴巴等)都拥有上百万台服务器。因此，云计算能提供给用户近乎无限量的计算资源。

(2) 虚拟化和泛在接入

云计算采用虚拟化技术，用户并不需要关注具体的硬件实体，并可以在任意位置，使用各种终端(如PC、笔记本电脑、Pad和智能手机等)获取服务。

(3) 高可靠性和扩展性

云计算一般采用数据多副本容错、计算节点同构可互换等措施来保障服务的高可靠性，比使用本地计算机更可靠。基于云服务的应用可以持续对外提供服务(7×24小时)。另外，"云"的规模可以动态伸缩，根据用户需求情况进行动态调整，在业务高峰期，提供更多的资源；在业务低峰期，会及时释放相关资源，实现资源的优化利用，满足用户的不同需要。

(4) 按需服务，按量收费

用户可以根据自己的需要来购买服务，按使用量来精确计费。实时计算用户的使用时长、存储空间、CPU数量、网络带宽等，实施细化的计费策略，既能大大节省IT成本，也能提高资源的整体利用率。

(5) 专业维护和高安全性

网络安全是所有企业或个人创业者必须面对的问题，企业的IT团队或个人很难应对来自网络的恶意攻击，而使用云服务则可以借助更专业的安全团队来有效降低安全风险。

换你是某铁，会不雇佣吗？专业的事交给专业的人来做，太划算了。

但有一个现实的潜在危险，万一雇佣兵监守自盗怎么办？

同理，云计算中的用户数据，对于其他用户是保密的，但对于提供云计算的服务商，并非秘密。这也是政府和商业机构在选择云计算服务，特别是国外机构提供的云计算服务时，不得不考虑的重要因素。

2.4 云计算的两种分类

怎样对云计算进行分类呢？

按部署形式，云计算主要分为三类：私有云、公有云、混合云。

(1) 私有云，顾名思义就是把虚拟化和云化软件部署在自己的数据中心，即计算资源由一家企业专用并由该企业掌握，这样不会受到网络带宽、安全疑虑、法规限制的影响，更能掌控云基础架构，改善安全与弹性。实力雄厚的大公司倾向于构建自己的私有云。

(2) 公有云，就是把虚拟化和云化软件部署在云厂商的数据中心。很多用户共享一个云厂商的计算资源。公有云在国内有阿里云、腾讯云、百度云等。

(3) 混合云，即私有云与公有云的混合。其策略是在私有云部分保持相对隐私的操作，在公有云部分部署相对开放的运算，这样可以兼顾两种云的优点。

继续上个例子，只有护院，没有雇佣兵，属于私有云；只有雇佣兵，没有护院，属于公有云；既有护院，也有雇佣兵，属于混合云。

按服务类型，云计算一般分为三类：基础设施即服务(IaaS)、平台即服务(PaaS)和软件即服务(SaaS)。

(1) 基础设施即服务(infrastructure as a service，IaaS)，主要是通过网络向用户提供计算、存储、网络等基础资源。

(2) 平台即服务(platform as a service，PaaS)，通过平台向用户提供应用软件的开发、测试、快速部署，帮助用户快速实现更多的应用功能。其主要针对互联网公司等。

(3) 软件即服务(software as a service，SaaS)，通过网络向用户提供方便、可靠、缴费即用、随手可得的服务，比如邮件、视频、直播等。

举个例子，我们来烧烤，租用烧烤园的场地、烧烤架、铁签等基础设备，是基础设施即服务(IaaS)；购买烧烤园的牛肉、猪肉、鸡翅等消耗品，就是平台即服务(PaaS)；而请服务员烤，我们只负责决定烤什么吃，就是软件即服务(SaaS)。

2.5　云计算可不只是挖掘机

云计算早已经深入我们的生活。以淘宝购物为例，打开手机淘宝，里面所有的商品信息，只有云计算平台才能快速存储和处理；下单支付时，支付宝也可算作云计算平台；物流公司在处理无数的快递单时，也需要用到云计算平台；快递小哥送货到家，开了百度导航，这也是云计算平台的服务。几乎每个环节，都有云计算的参与。还有网易云音乐、云课堂、百度网盘、墨迹天气等App或小程序，它们的服务器只有"跑"在云上，才能提供快捷方便的服务。

疫情期间在家办公，不管是钉钉还是微信，都支持在任何可以联网的地方同步处理办公文件。异地的团队协作，也可以通过基于云计算的服务轻松实现。未来办公室的概念将会逐渐消失。

云计算对个人而言，获取网络资源越来越方便，网络服务的使用体验越来越好，提供的业务服务越来越多，为用户节省了大量时间。

对企业来说，最直接明显的好处就是节约物理空间、硬件成本、软件成本、IT支持成本，提供更灵活的经营方式等，也非常适合小微型科技企业创新创业。

举个例子，曾经每年的"双十一"零点左右，各大电商平台都会拥挤到崩溃。现在由阿里云、腾讯云等默默承担下所有，充分发挥云计算时间和空间的灵活性，在峰值时创建一大批虚拟电脑来支撑电商应用，峰值一过，再把这些资源释放去干别的。还有铁路12306系统，自从使用了阿里云，既保障高峰期的稳定运行，又节约了平时的成本，春运抢票再也不卡顿了。

对政府而言，大量的数据中心和基础设备需要统一化、规范化、标准化管理，云计算则是最佳解决方案之一。

举个例子，贵州公安交警云便是用以阿里云为主的云计算技术搭建，可对海量交通数据进行全库关联、智能联想、自动研判、深度挖掘，为公共服务、交通管理、警务实战提供支持。比如车辆精准管理、秒查套牌车、查缉"红眼客车"、减少城市拥堵等，贵州公安交警云都可以轻松应对。

再如在武汉的火神山和雷神山医院，钟南山院士和全国各地医生进行会诊，就是利用云计算的技术和服务，把所有场所连接在一起，为病患诊治和疫情控制赢得了宝贵的时间。

在芯片领域，我们面对美国只能艰难追赶。而在云计算领域，中国仅次于美国。阿里云作为国内云计算厂商中的佼佼者，位居亚洲第一，全球第三，仅次于亚马逊和微软(谷歌第四)。阿里云研发的飞天云计算系统(Apsara)，是中国唯一一个自主研发的计算引擎。作为全球集群规模最大的计算平台，最大可扩展至10万台计算集群，将遍布全球的百万级服务器连成一台超级计算机，并在计算界的奥运会 Sort Benchmark 中多次打破世界纪录。

2.6 雾计算、边缘计算、霾计算

除了云计算，大家可能还听说过雾计算、边缘计算、霾计算等，它们又是什么，和云计算有什么区别和联系呢？

先打个简单的比方，云计算作为大佬，如果事无巨细地亲力亲为，就有些疲于奔命了。这时，雾计算们便站出来，处理琐事。大家分片区包干，能处理的自己处理，再将处理好的结果或不能处理的部分上交给大佬云计算。

由于云计算需要终端把所有数据集中运输到同一个数据中心，而将数据从云端导入和导出，比人们想象得更为复杂。在实际应用中，其还会受到带宽限制等影响，可能导致拥塞、计算延迟等。

于是，我们在终端和数据中心之间又加了一层，叫作**网络边缘层**。比如，再加一个带有存储器的小服务器或路由器，把一些并不需要放到"云"的数据在这一层直接处理和存储，以减少"云"的压力。这样既提高了效率，也提升了传输速率，降低了时延，这个工作原理就称为**雾计算**。

处于网络边缘层的带有存储器的小服务器或路由器等，可以称为雾节点。组成雾节点的，往往不是性能强大的服务器，而是一些性能较弱的、更为分散的、处于大型数据中心以外的庞大外围设备。这些外围设备既包括智能终端本身，也包括把智能终端与云端相连接的网关或路由设备。这些节点渗入到工厂、汽车、电器及人们日常生活中的各类可计算设备中，就像是遍布我们身边的雾气，无处不在。

云计算和雾计算具体有哪些异同点呢？

相同之处是，雾计算的原理与云计算一样，都是把数据上传到远程中心进行分析、存储和处理；都基于虚拟化技术，在共享资源池中为多用户提供资源服务等。

不同之处有以下两点。**一是与云计算相比，雾计算所采用的架构更呈分布式。**雾计算会设置众多分散的中心节点，即有很多个雾节点，而不是只有一个云中心。所以，云计算是新一代的集中式计算，而雾计算是新一代的分布式计算，符合互联网的"去中心化"特征。

二是云计算更强调计算的方式，雾计算更强调计算的位置。雾计算介于云计算和个人计算之间。云计算像是把所有数据都送往天上的云中，雾计算则是把数据送到身边的雾气里，所以又被称为**"分散式云计算"**。

总的来说，雾计算作为云计算的补充，是为了弥补云计算本地化计算问题，所以就是本地化的云计算。

那么，边缘计算又是什么呢？

边缘计算本质上是雾计算的一个子集，进一步推进了雾计算的"LAN(局域网)内的处理能力"的理念，处理能力更靠近数据源。边缘计算不是在中央服务器里整理后实施处理，而是在网络内的各设备中实施处理。

一般而言，雾计算和边缘计算的区别在于，雾计算更具有层次性和平坦的架构，各层次的节点形成网络，而边缘计算依赖于不构成网络的单独节点。雾计算在节点之间具有广泛的对等互连能力，边缘计算在孤岛中运行其节点，需要通过云实现对等流量传输。

至于霾计算，就多少有些另类了。

霾计算，通常用来表示比较差的云计算或者雾计算，也可简单理解为垃圾云或雾计算。如果"云"或"雾"提供的服务存在着安全问题，以及隐私数据被丢失泄露、数据传输不稳定、网络频繁出现中断等问题，则其对用户产生的伤害会导致其整体效用弊大于利，恰如"霾"对人体健康的危害。当然，也有人将霾计算当作中性词，中国工程院院士邬贺铨在2017年全球未来网络发展峰会上，就首次正式提到霾计算，将其作为一种新的计算方式定义，着重强调霾计算更接地气的一面，赋予了霾计算更多积极的含义。

打个比方，云计算下面有很多小弟辅佐，雾计算是接地气且比较得力的，边缘计算是更接地气的，霾计算则是小弟里最底层的。

雾计算、边缘计算及霾计算，甚至海计算等，都不是用来代替云计算的，而是对云计算短板的弥补。云计算更像是一个管理统筹者，负责长周期数据的大数据分析，能够在周期性维护、业务决策等领域运行，下发业务规则到边缘处。而其他计算像是执行者，着眼于实时、短周期数据的分析，更好地支撑本地业务被及时处理和执行；同时，更靠近设备端，为云端的数据采集做出贡献，支撑云端应用的大数据分析。

这样相互配合处理大数据，使得所有数据无须传到遥远的云端，在边缘侧就能解决大部分问题，实现"应用在边缘，管理在云端"，更适合实时的数据分析和智能化处理，也更加高效而且安全。

3
谁能煮粥温茶，赴汤蹈火，看我"人工智能"

10月11日19时　咖啡厅内　胖子对大彭和天真吐槽

胖子在絮絮叨叨:"我一开始只想买条围巾,于是问淘宝客服……"

(故事是这样的。)

胖子:亲,这款围巾有黑色的吗?

智能客服:亲,建议您选蓝灰格子款。

胖子:为什么?

智能客服:根据分析,在您的抖音里,格子款服饰出镜的视频获赞最多。

胖子:啊,你还有我的抖音号?

智能客服:我是您的忠实粉丝,有几次您的买家秀图片来自抖音截图和微博等。顾客是我们的上帝,我们只有充分了解上帝,才能提供更好的服务。

建议您再搭配一件我店的藏青色风衣。

[电商平台会记录用户对每件商品的浏览次数、页面停留时长及是否添加到购物车等数据,并分析对方购买的可能性。]

胖子:为什么?

智能客服:根据我们系统的分析,前两天您在微博点赞转发过一条"穿风衣的男人真帅"的帖子,帖子来自一位叫作小月的博主,平时您和她的互动评论最频繁,应该是您心仪的女性吧!

胖子:好,买!

[有的平台可能还会根据用户的关联账号等,获取社交平台的数据,通过点赞、评论、互动等统计,判断亲疏关系,利用人工智能分析系统整理出社交关系图谱。]

智能客服:建议再搭配一条牛仔裤。因为藏青色风衣配牛仔裤,既显瘦,又显高,而且您最近买过一本《懒人减肥秘籍》,还在减肥茶的商品评论里问过效果如何。

胖子:好吧!

智能客服：我店最新的健步鞋，也建议您买一双。您的微信步数连续五天过万，没有一双舒适的鞋子怎么行？

胖子：……

智能客服：建议您再来一副我店最新款的墨镜。

胖子：这又是为什么？

智能客服：根据分析，您最近经常搜索滑雪、雪景等关键词。我店的墨镜可以很好地预防雪盲症，还有我店的羽绒服，轻薄时尚，保暖性能不亚于貂，雪地靴保暖防滑，强烈建议！

[用户的商品评论和历史购买记录等数据，自然也会被分析。]

这款雪地靴就算在冰上走也不打刺溜。

[胖子最近经常搜索雪景、雪村、哈尔滨机票等关键词，自然也会被整理分析。]

胖子：服了，那你觉得我近期最应该买什么？

智能客服：口红。

胖子：开玩笑？

智能客服：根据分析，小月博主的生日快到了，由于您和小月都是我店的老客户，出于关怀，可以破格一次，把她在本店浏览次数最多的口红型号推荐给您。

胖子：我好像真的无法拒绝……

智能客服：为了您的幸福，最后友情私透一次，小月刚发了一条微博，想去成都看大熊猫，爬西岭雪山，还把一件羽绒服加到购物车了，刚好是我前面推荐的羽绒服的情侣款。

根据我们系统的分析，你穿戴全套后，可以让小月对你的好感度提高25%！

胖子：那没钱怎么办？

智能客服：投入都是值得的。据分析，这些商品没有超出您的花呗额度，并且根据您的朋友圈展示，有笔奖金即将到账，完全不影响您按时还花呗……

胖子：……

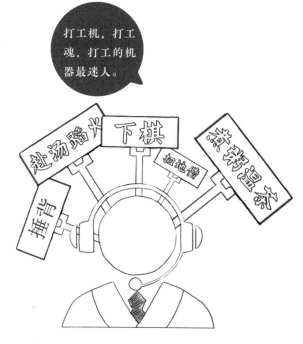

[单纯靠人工快速处理大数据，进行统计分析，并实时反馈，是不可能的。但是，我们可以利用人工智能帮助我们实现这一点！]

胖子眼巴巴地看着大彭，"我真的一开始只想买条围巾。大彭，你信吗？"

"你的意思是，你被一台机器忽悠着多花了五千多？所以接下来半个月，要啃我。"大彭认真地回答。

"这可是**人工智能和大数据**的魔力，千万不要再小瞧如今的机器人。"天真圆场道。

3.1 谁不想要个田螺姑娘

百度给出定义：**人工智能**(artificial intelligence，AI)，是研究、开发用于模拟、延伸和扩展人的智能的理论、方法、技术及应用系统的一门新的技术科学。

人工智能是研究人类智能活动的规律，构造具有一定智能的人工系统，研究如何让计算机去完成以往需要人的智力才能胜任的工作。

换句话说，"人工智能"与其说是科技术语，更像是一张蓝图，**表达了人类的愿望**：试图制造一种具有人脑一样的智慧、充分理解人类意图的工具。

举个例子，人类有点儿懒，造车代替走路；造船代替游泳；制造飞机带人类飞；力气不够大，就制造起重机、挖掘机；懒得做体力劳动，就制造自动化设备；懒得做重复的脑力劳动，便试图造出帮人操纵车、船、飞机等的工具。想要达到这一点，就要让这个工具拥有和人一样学习、思考的能力，也就是人工智能。

过去的数十万年，无论人类发明了什么工具，都要**学习使用它**；而人工智能，会**主动学习如何更懂人类需求**。比如，智能空调会根据你此时的体温、刚才通过食物摄取的热量、正在进行的活动及与你的距离等，来调整风量、角度和温度，使你获得更舒适的体验。

善解人意、全知全能的人工智能，对宅男来说，好比田螺姑娘，在日本就是伊卡洛斯。

3.2 既然教不了，那就自学吧

这个目标具体怎么实现呢？

对人工智能的研究分化为三大学派，即符号主义、联结主义和行为主义。

符号主义又称逻辑主义或计算机学派，是一种基于逻辑推理的智能模拟方法，认为人工智能必须依托于逻辑系统，每一个判断、动作都基于强有力的逻辑关系，是对预设的准确反馈。

换句话说，就是先由专家总结出知识和规律，灌输给计算机，计算机再按照人为设定好的逻辑系统推理判断并执行。这些AI不能自己学习，需要人教给它所有的规则。

典型应用是IBM的深蓝打败人类国际象棋冠军卡斯帕罗夫的事例。回顾深蓝的设计，主要是通过博弈论算法，用人类顶尖专家提炼出来的逻辑和人类进行对决。

作为完全信息的博弈，要做的就是让对方获益最小，自己获益最大。先计算自己走到每个格子的获益，再计算对方每一步应对的获益，然后两值相减，选取获益最大的。这个思路非常符合人的思维逻辑，是专家对人的思考方式的抽象。因此，深蓝只是透过专家的思路，在相同的战术方法下，发挥了比人更高的计算能力，从而获胜。

但是，符号主义还是模拟不了人类的思路。

比如在语义理解方面，语言领域的知识不像数学公式那样有严格的标准。语言专家们虽然总结出了主谓宾定状补等语法规则，但不可能像数学公式一样，描述出所有的情况。

举个例子，你和女友约会，女友说，如果你早来，我没来，你等着；如果我早来，你没来，你等着！再如，女同事说，我最近忙得没时间陪我男友。你说，我也是。显然不是说你也没时间去陪她的男友。

这让机器怎么理解？但人能听懂其中的意思。如何从中总结出知识和规律，教给机器，让机器也懂？语言专家们多番尝试后无奈表示，这太难了！

教不了，怎么办？不教了，自己学去。

于是，人类不想多说话，只向空白无知的人工智能扔了一堆大数据。

3.3 "自学成才"的阿尔法狗

人工智能的发展一度沉寂，直到阿尔法狗打败当时的世界围棋冠军李世石，又再度开始火爆。这一事件也成为引爆人工智能产业化发展的导火索。

谷歌先是给阿尔法狗输入了3 000万步人类围棋大师的走法，然后让其自我对弈近3 000万局，积累了海量的大数据，拥有了丰富的对弈经验，同时形成全局观。经过深度学习后，阿尔法狗具有强大的落子选择能力，大局观非常强，远高于任何人类棋手。它会在落子时分析胜率，而非像人一样计算目数。在它的世界里，领先半目而胜的概率可能是99%，领先10目而胜的概率是80%。这跟人类的思维方式大不相同，有些像大数据思维里的模糊思维。

阿尔法狗，有符号主义的影子，前期被输入了3 000万步人类围棋大师的走法，这和深蓝类似；更多的还是依赖自学，这就是联结主义的贡献了。

联结主义，又称仿生学派或生理学派，源于仿生学，特别是人脑模型的研究，采用基于神经网络及网络间的连接机制与学习算法的智能模拟方法。其强调形成类似于人脑的神经网络，靠"人工"神经网络形成意识自行思考。

阿尔法狗具体是如何获得自学能力的呢？

3.4　机器是怎么学习的

这就需要说到**机器学习**了。

现在人工智能的主流，是机器学习，特点就是把历史数据"喂"给机器，让机器从数据中自己找出规律。

举个例子，老师问同学：

"求解一个问题，当$x=1$时，$y=3$，求x与y之间的函数关系$f(x)$。"

"$y=3x$，3倍关系。"学渣A得意地抢答。

"还有$y=x+2$，$y=2x+1$，$y=3x$，$y=4x-1$，……看穿一切没那么简单。"学霸B答道。

"对的，再补充一组数据，当$x=2$时，$y=8$。"老师道。

"$y=5x-2$。"

"那么当$x=3$时，y的值是多少？"

"13。"

机器学习的思路大致如此。

从系统角度出发，人工智能**系统通常由三部分组成：输入、输出和模型**。

x就是输入，y是输出。**模型就是输入和输出之间的映射关系，即函数$f(x)$**：$y=5x-2$。

(1，3)和(2，8)是我们"喂"给系统的**训练数据**，$f(x)$是人工智能系统从训练数据中归纳出的**知识**，这一知识被用来解决$x=3$时的问题。

人工智能系统就是这样让机器学习的，即：**从数据中归纳出知识，再用知识解决新问题。**

我们也发现，如果训练数据过少，是得不出真正的$f(x)$的，也就无法从中归纳出正确的知识，从而获得智能。这就是为什么人工智能需要大数据的原因。

接上个例子，假若我们继续投喂训练数据(4，19)呢？

$x=4$时，$y=5×4-2$，y不应该是18吗？

很多同学肯定会有这样的疑问。

但在这里，18只是系统的预期输出，19才是现实结果。预期和现实有差距怎么办呢？这就需要不断调整$f(x)$的参数，让预期输出和真实结果19无限接近。在$y=ax+b$的函数关系中，a和b是需要不断调整的参数。

而神经网络就可以通过调整各层的参数，拟合任意复杂度的函数。

3.5 神经网络让计算机也有"脑回路"

接下来说说**神经网络**。

神经网络是实现机器学习的一种方法,它从模仿生物的神经元开始。

人们发现,生物的神经元细胞是生物智能的基本来源。神经元细胞比较特殊,一般长有很多树突和一根很长的轴突,轴突边缘有很多突触,这些突触可以连接到其他神经元细胞的树突上。很多的神经元细胞这样相互连接,构成了复杂的生物神经网络,实现信息的处理和传递,使得生物有了智能。

人们在计算机中通过编程的方式模仿生物神经网络,实现了"人工神经网络"。 对于"人工神经网络"的计算,可以理解为组成它的人工神经元是一种运算结构,接收一个或多个输入,通过非线性函数变换(该非线性函数在学习过程中是可变的)得到一个输出。而这个神经元的输出可以是另一个神经元的输入,许多个单一神经元联结在一起,构建起复杂的网络,通过复杂网络进行一层层的计算归纳,逐步将抽象的原始数据变得具体。可以把这种"人工神经网络"看作一个非常大的数学模型,里面有很多的参数,达到一定规模,它会表现出类似于生物智能的现象。

神经网络是有数学原理支撑的,一般称之为"万能近似定理"(universal approximation theorem)或**"万能逼近定理"**,即只要激活函数(如Sigmoid函数),选择得当,神经元的数量足够,至少会有一个隐含层的神经网络,能以任意的精度,近似闭区间上任意一个连续函数。换句话说,**神经网络可以拟合任何函数,不管这个函数的表达多么复杂。**

图3-1是一个简单的神经网络结构。

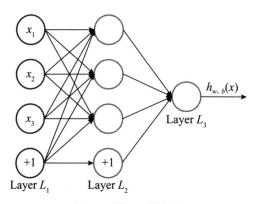

图3-1 神经网络结构

图中最左一层是"输入层",有3个"输入单元",标"+1"的圆圈称为"偏置节点",不计在内。最右一层是"输出层",有1个"输出单元",复杂的神经网络的输出层会有多个"输出单元"。中间一层叫作"隐藏层"(一般视为黑匣子,其值无法集中观测到),有3个"隐藏单元"。该处只有一层,但**复杂的神经网络会有很多个隐藏层**。$h_{w,b}(x)$就是神经网络算法提供的一种复杂且非线性的假设模型,具有参数w,b,可以以此参数来拟合任意数据。

3.6 深度学习让"脑回路"更深

深度学习是一种机器学习,基础就是神经网络。

想要解决复杂问题,就需要更多的神经元。我们人脑大约有1 000

亿个神经元，相互连接构成了非常复杂的三维立体结构。而三维太复杂，我们只能把"人工神经网络"做到二维。而且人工神经元不能任意跨层连接，只能分层，允许每一层的神经元连接下一层的神经元。层多了，"深度"自然就有了。

举个例子，以图像识别为例，输入的是一个个像素点，经过每层神经网络，逐步变化成线、面、对象的概念，这样机器就有能力将其识别出来。点、线、面等对应不同的层次。

多层神经网络最早应用在图像识别上。层数越多，就越能学会识别更复杂的图形，比如人脸等。像阿尔法狗的策略网络是13层，每一层的神经元数量为192个。

所以，深度学习的概念源于人工神经网络的研究，多层的神经网络是一种深度学习结构。深度学习有时会被称为深度神经网络。

总之，**深度学习的"深度"，可以理解为从"人工神经网络"的"输入层"到"输出层"所经历层次的数目，即"隐藏层"的层数。问题越复杂，需要的层次就越多。**

研究表明，人的大脑皮层的沟壑越多，就越聪明；后天的知识积累越多，沟壑就越深。爱因斯坦的大脑沟壑比普通人的多且深，也算是同理了。

一般来说，神经网络层数越深，意味着更好的非线性表达能力，拟合能力越高，深度学习性能越好。

现在的神经网络远未达到层数上限。但层数越多，需要解决的问题就越多，如算力、梯度、激活函数等。所以单纯提升层数，效果未必理想，这就需要有新的技术和方法。

3.7 当前人工智能领域"最靓的仔"

简要总结一下,神经网络和深度学习是当前人工智能研究领域最热门的研究内容。

机器学习、神经网络、深度学习是逐次包含的关系。神经网络通过模拟人脑神经结构,形成硬件条件,让机器像人那样学习;深度学习通过神经网络来实现,提供了机器学习的方法。

再加上**大数据提供了足够多的学习资料,云计算提供了众多神经网络节点运算时所需要的大量算力**,机器就能搬个小板凳安静地开始自学了。

虽然深度学习模仿人类学习,但是它们之间还存在不小的差距。在深度学习时,计算机要看成千上万只猫的图片才能识别出什么是猫,而一个三岁小孩看两三次猫,就会具备同样的本领。

这一方面说明人类思维具有高度抽象能力,另一方面也体现了深度学习的局限性,即需要足够多的训练数据。因此,很多人认为迁移学习会成为人工智能研究领域下一步的热门。

3.8 一气化三清，万法归一宗

至于第三个，行为主义，又称进化主义或控制论学派，采用一种基于"感知—行动"的行为智能模拟方法。 其原理为控制论及"感知—行动"型控制系统，认为智能不需要知识、表示和推理，通过在现实环境中交互，智能行为会逐步得到进化。

举个例子，小孩子学走路时，走到凹凸不平的路面容易摔倒，摔倒后会因为疼痛而大哭。重复几次，小孩就会做到：(1)避免走凹凸不平、可能会导致摔倒的路；(2)摔倒后无论疼不疼，第一反应都是大哭。

目前，最热门的神经网络、深度学习，属于联结主义；而同样火热的知识图谱、20世纪末举足轻重的专家系统，是符号主义的成就；行为主义的贡献，主要表现在机器人控制系统方面。

像道家一气化三清，万法又归为一宗。人工智能的研究虽然分为三个主义，形成三大学派，但三者间的关系并非相互冲突、相互排斥，而是相互融合、综合执行。

比如阿尔法狗，既有符号主义的专家系统的策略，更依赖联结主义的深度学习，还包含行为主义的进化理念。再如现在的专家系统，都具备了自主学习能力，是符号主义和联结主义的合作结晶。

随着人工智能领域的不断拓展，不同学派也日益脱离各自独立发展的轨道，逐渐走上协同并进的新道路。

3.9 "文青少女"微软小冰的爱情诗

大概两年前在书店看到过微软小冰出版的诗集《阳光失了玻璃窗》。机器人真能进行创作吗？

据悉，小冰通过学习、模仿519个现代诗人，历经上万次的迭代学习，写出70 928首现代诗，发布139首。绝大部分诗都是乱堆辞藻，只有几句是相对通顺的，如"……而人生是萍水相逢 在不提防的时候降临 你和我一同住在我的梦中 偶然的梦……"

诗是诗人精神世界的映射。软件写的语句看似华丽，背后却是空荡荡的世界。

至于能唬住人，是因为很多现代诗同样无病呻吟、乱堆辞藻，让人读得一头雾水、不知所云。

小冰"写作"的本质，是基于算法的机械运动。

举个例子，有位歌迷统计了某知名歌手的12张专辑中137首歌曲的歌词，同一词语在一首歌出现只算1次，形容词、名词和动词出现频次的前10名如表3-1所示。

表3-1 歌曲中的高频词汇

序号	形容词	频次	名词	频次	动词	频次
1	盈盈	37	夜	53	爱	45
2	迷乱	35	情	48	醉	37
3	孤单	29	酒	37	跑	35
4	怅然	26	命运	33	哭泣	28
5	长长	23	雨	27	舞	27
6	深邃	18	回忆	23	抓住	24
7	迷惘	17	生命	20	离去	21

(续表)

序号	形容词	频次	名词	频次	动词	频次
8	甜甜	16	笑语	18	飞	19
9	朦胧	10	梦想	12	倾倒	14
10	坦然	7	路	9	进入	9

如果随便写一串数字，按照数位依次在形容词、名词和动词中取出一个词，连在一起会怎么样呢？

比如取圆周率 3.1415926，对应的词语就是：孤单、夜、哭泣、盈盈、雨、倾倒、迷乱、回忆。简单连接和润色一下：

孤单的夜里(孤单、夜)

谁在无助地啜泣(哭泣)

盈盈几滴泪(盈盈)

惹得大雨滂沱倾下来(雨、倾倒)

冲开了迷乱的前生记忆(迷乱、回忆)

……

是不是有点诗歌的感觉？

小冰写诗的原理，也是基于统计的学习算法，当然更复杂。

如同电脑里面我们觉得精美的图片、动听的声音、震撼的视频等，在计算机看来，其实都是些0、1组成的二进制代码，经由数学运算后的组合。

同理，像遗传算法、模拟退火、蚁群优化、反向传播、对比散度和粒子群算法等看起来十分高超的人工智能算法，归根结底，都是数据映射、数据拟合、概率统计等的数学运算，这就是**算法的本质**。

3.10 "Ta"会取代你吗

李开复曾说人工智能15年后会替代50%的工作,是真的吗?

很有可能替代50%的工作,但不等同于替代50%的工作者。

人们不是第一次担心工作会被机器取代。任何一种高效的新技术的出现,都会导致一些工作的消失,同时会带来大量的新工作。

举个例子,电子邮件的出现,曾让邮递员忧心不已,很担心自己失业。随着电商兴起,快递业飞速发展,这一行业反而成了很多人就业的首选。国家邮政局发布的2018年中国快递发展指数报告显示,2018年,快递业新增就业人数超过20万人,对国内新增就业贡献率超过2%。

机器自诞生以来,已经取代了80%多的工作,同时催生了更多的新工作。

人工智能会同以前的机器不一样吗?至少现阶段的人工智能还处于弱人工智能阶段,还是一种专门化的工具。等出现了通用化的人工智能,或许会真的跟以往不一样,但这在短期内(甚至二十年以内)无法实现。

也可以乐观地想象,未来人工智能的普及必将大幅提高生产力,不需要所有人都努力工作,就可以保证全人类的物质富足。到那时,少数人类精英继续从事科学研究和前沿科技开发,大量简单、重复的工作由人工智能完成。大多数人可以自由选择生活方式,喜欢工作的人继续工作,不喜欢工作的人不再工作,享受生活。

当然,有可能大多数人会比以前更忙,因为其有了更多的新欲望、新需求。人工智能完全解放生产力之后,我们也许会奔赴星辰大海,苦恼于是去开发比邻星系,还是到银河系中心探险。

3.11 当人工智能也会"搬砖"时

哪些行业容易被人工智能取代，有没有不会被取代的工作？

回顾前三次工业革命，大多数体力劳动被淘汰了。而这次人工智能的发展会导致一些相对低端的脑力劳动被淘汰吗？不尽然。

中国人工智能专家李开复在自己的书中列举了人工智能最先取代的10个职业：

- 销售和市场调研人员；
- 保险公司算理员；
- 保安；
- 卡车司机；
- 消费者贷款担保人；
- 金融和体育记者；
- 簿记员和财务分析师；
- 水果采摘工人；
- 职业投资人；
- 放射科医师。

其中，放射科医师主要从事普通X线片、电子计算机体层摄影(CT)与磁共振成像(MRI)等医学影像工作，上岗前需要学习和培训很多年，然而却很容易被人工智能取代。近期，阿里巴巴达摩院研发了一套全新AI诊断技术，AI可以在20秒内准确对新冠肺炎疑似病例的CT影像做出判读，分析准确率高达96%，而医生对一个病例的CT影像肉眼分析，耗时大约为5～15分钟。

所以，即使是一些文化程度较高的工作，也会被人工智能取代。这些高端的脑力劳动的共同特点是**标准化、重复性、仅靠记忆与练习就可以掌握**。

李开复同样列举了人工智能无法取代的10个职业：

- 精神病医生；
- 治疗师；
- 医护人员；
- 人工智能研究员和工程师；
- 小说作家；
- 教师；
- 刑事辩护律师；
- 计算机科学家和工程师；
- 科学家；
- 经理(领导)。

从中我们可以得出什么结论呢？

护士比放射科医师更不容易被取代，原因是护士照顾病人，需要同情心、爱心和情感交流。而律师除了熟悉法律条款，还需要基于社会公义、法律量刑和人情世故做出判断。科学家、工程师和小说作家，需要人的想象力、创意灵感、审美理念、抽象判断和综合感悟等。以上这些都是人工智能做不到的。

就连人类自己，也很难模仿一些人情练达者的社交能力，如果看过《布达佩斯大饭店》，会对经理(领导)无法被人工智能取代深有体会。同样，像保姆、公关等需要与人密切互动的工作，也不容易被取代。因为人是世界上最复杂的生物，如何处理好人与人之间的关系，还是人工智能难以涉足的领域。

教师作为人类灵魂的工程师，学生的个人品质和道德培养，需要教师言传身教地用自己的心灵和人格去影响和塑造。立德树人，是人工智能无法做到的。

总的来说，**能体现人的精神个性的(如思考、创造、沟通、情感交流等)、人与人的依恋、归属感和协作精神的，以及需要好奇、热情、志同道合等驱动力的工作，都是人工智能无法取代的。**

从现在开始，我们应该培养哪些技能呢？**重视那些重复性的、标准化的工作所不能够覆盖的领域，注重最能体现人的综合素质的技能。**比如，基于人的自身情感对他人真心扶助和关切的共情能力、与他人进行良好互动沟通的交际协商能力、对艺术和文化的审美能力和创造性思维、由生活经验及文化熏陶产生的直觉灵感、人对复杂系统的综合分析决策能力等。总之，拥抱人类的独特价值，找到自己的独特之处，成为在情感、性格、素养上更加全面的人。

还有一项必不可缺的技能，就是使用人工智能进行人机协作的能力。互联网时代，擅长使用搜索引擎的人，能力会显得更加突出；人工智能时代，擅长使用人工智能，会表现出巨大优势。利用人工智能帮助自己整理分析数据并做出预测、辅助决策、安排日程、起草文件，或者翻译、开车、家务等，会使自己像"超人"般拥有超能力。

举个例子，领导不带秘书时厉害，还是带一群秘书时更厉害？

科技的发展，从来不是淘汰某个行业的工作者，始终只会淘汰不思进取的人。

3.12 人工智能的无所不能

人工智能的应用研究主要有自然语言处理、图像识别、语音识别、专家系统和机器人等5个领域。

1. 自然语言处理

自然语言处理(NLP)，就是用计算机来处理、理解以及运用人类语言。它的目标是让计算机理解人类的语言，从而弥补人类交流(自然语言)和计算机理解(机器语言)之间的差距。

自然语言处理应用十分广泛，包括机器翻译、手写体和印刷体字符识别、语音识别及文语转换、信息检索、信息抽取与过滤、文本分类与聚类、舆情分析和观点挖掘等。

平时常用的谷歌翻译、百度翻译、有道翻译等，就属于机器翻译。现在机器翻译的质量正逐渐接近正常人工翻译的水准，尤其对一些正式文本的翻译(比如财务报表、商业合同和学术论文等)。随着语音识别和语音合成技术的成熟，其有可能代替一些低端笔译和口译工作。

现在我们出国出差或旅游，即使不用专门的科大讯飞翻译机，也可以用手机下载腾讯翻译君、有道翻译官等，这些App同样具有同声传译功能，足以应对旅游、日常会话等简单需求。这类App同时支持英语、日语、韩语、西班牙语、俄语、法语、德语、泰语、越南语、印尼语、马来语、意大利语、葡萄牙语和土耳其语等，还具有文本翻译、拍照翻译等功能，语言不通将成为过去式。

2. 图像识别

图像识别，是指利用计算机对图像进行处理、分析和理解，以识别各种不同模式的目标和对象的技术。其应用有人脸识别技术、车牌识别技术以及机器视觉等。

拿人脸识别来说，除了熟知的刷脸支付、刷脸进站、考勤打卡、小区门禁等，银行取款也可以刷脸。以后若高校招生录取采用人脸识别，完全有可能杜绝陈春秀、苟晶等顶替事件的发生。

人脸识别可以有效打击拐卖儿童犯罪和用于追捕逃犯。据民政部估计，目前全国流浪乞讨儿童数量在100万～150万左右。通过"人像识别、人脸对比"技术，最快可让被拐儿童在7小时内被寻回。张学友被人们称作"行走的逃犯收割机"。据不完全统计，人们在他的演唱会上抓捕逃犯超过60名，大概是因为演唱会出入口安装了人脸识别系统。而且人脸识别能克服人类局限，只用数据说话，比人眼靠谱得多。化妆、整容、变老、发胖等原因致使容貌变化，却难逃法眼。曾有报道称，上海市一个潜逃16年、长胖100多斤的逃犯，因人脸识别技术而落网。

而在农业工业场景下，还有猪脸识别、鱼脸识别等技术，可以提高养殖效率，创造经济价值。目前，还有猫脸识别、狗脸识别等技术，找回爱宠不再是难事。

3. 语音识别

语音识别，就是让机器通过识别和理解过程把语音信号转变为相应的文本或命令。换句话说，就是人与机器进行语音交流，让机器明白你说什么。

语音识别技术已经深入我们的生活，比如手机里的语音输入法、语音助手、语音检索等应用；智能家居、智能可穿戴设备、智能车载设备的语音交互功能，比如Siri、小爱、小度、小娜和小冰等虚拟个人助理。

一些传统的行业也正在被语音识别渗透，比如医院里使用语音进行电子病历录入，法庭的庭审现场通过语音识别分担书记员的工作，还有影视字幕制作、呼叫中心录音质检、听录速记等都可以用语音识别技术来实现。

4. 专家系统

现在的专家系统，不同于20世纪八九十年代的专家系统，除了拥有大量的某个领域专家水平的知识与经验，能进行推理和判断，更具备机器学习能力，能够从海量数据中归纳总结，从而获得知识，自己持续学习，不断进化。

(1) 智能医疗系统

从检测皮肤癌、分析X光和核磁共振扫描，到提供个性化的健康提示和管理整个医疗系统，智能医疗系统不会取代医生，但它可以分担一些工作，为患者带来更好的医疗服务。

(2) 智慧城市

智慧城市是将交通、能源、供水等基础设施全部数据化，将散落在城市各个角落的数据进行汇聚，再通过超强的分析、超大规模的计算，实现对整个城市的全局实时分析，让城市智能地运行起来。智慧城市率先解决的问题就是堵车。今年，杭州的"城市大脑"通过对地图数据、摄像头数据进行智能分析，从而智能地调节红绿灯，成功将车辆通行速度最高提升了11%，大大改善了出行体验。

同时，雄安新城相继和阿里巴巴、腾讯、百度签署战略合作协议，将通过人工智能技术，解决交通拥堵、自动驾驶、身份识别和授权，以及绿色经济发展和公共效率提高等问题，有望成为全球历史上第一个人工智能城市。

5. 机器人

现在的机器人既可以接受人类指挥，又可以运行固定程序，还可以深度学习，不断进化，目标是协助或取代人类工作，尤其是一些机械重复或危险的工作。

(1) 无人驾驶汽车

无人驾驶技术主要利用车载传感器来感知车辆周围环境，获得道路、车辆位置和障碍物等信息，依托庞大的云端数据、精确到厘米级的高精度地图和算法程序，自动规划行车路线，控制车辆的转向和速度等，完全替代人类成为操控车辆的"司机"，使车辆能够安全、可靠地在道路上行驶。

而自动驾驶是通过高级驾驶辅助系统(ADAS)的辅助完成有限条件下的系统自动驾驶，能提供前车碰撞预警制动、车道保持、智能巡航、自动跟车、盲区监测、拥堵辅助、智能远光灯控制等辅助驾驶功能，若遇到激烈驾驶(极限情况)等情况，可换回人工驾驶，这相当于无人驾驶的过渡。

因此，无人驾驶不等同于自动驾驶，明显的区别在于前者的驾驶位完全可以脱离人，后者要求驾驶位上有人。

SAE International(国际自动机工程师学会)2014年制定了自动驾驶分级标准，将自动驾驶技术分为6个等级。从L0到L5，分别是传统人类驾驶、辅助驾驶、部分自动驾驶、条件自动驾驶、高度自动驾驶(人工接手)、完全自动驾驶(完全无人)。也就是说，L5级才是真正意义上的无人驾驶。

类似当年的手机制造业，即苹果、小米等互联网企业取代传统的通信企业一样，新能源车已成为未来汽车的发展方向，智能互联电动车必将逐步取代传统汽车，这也为无人驾驶汽车的发展做好了铺垫。现在的汽车互联网巨头们各自造车，比如腾讯与富士康携手制作新品牌拜腾，阿里巴巴与上汽投建智己汽车，百度与吉利组建智能电动汽车。2021年1月19日，威马汽车联手百度Apollo平台研发打造威马汽车第三款全新智能纯电动SUV W6，宣布已经完成L4级自动驾驶系统的落地，在湖北正式下线量产。而特斯拉闻名全球的AP自动驾驶系统属于L3级。

早在2018年3月，全国首批三张智能网联汽车开放道路测试号牌在上海发放。上汽集团和蔚来公司的无人驾驶汽车，可以在嘉定区圈定的5.6公里公共道路上行驶。

无人驾驶汽车的技术研发相对不难，更难的是在城市、乡村等各种路况下的安全有序运营，这需要车联网、车路协同等技术以及基础设施建设共同支撑。

未来无人驾驶的普及是必然趋势，就像有一位专职司机24小时为你服务，而人为驾驶也会像赛马一样成为一项运动。

(2) 物流机器人

早在2017年，菜鸟物流的配送机器人小G就在浙江一家铁路运输法院实现了智能配送。它能精确识别环境，避开小障碍物，甚至可以感知电梯拥挤程度，不和人抢乘电梯。同样，京东物流的智能无人车也在中国人民大学校园实现了自动规避障碍物、行人和车辆的安全配送。而在无人机方面，不仅顺丰等物流公司在重点布局，京东、阿里巴巴、苏宁等电商也在积极投入。

未来的快递小哥，也许会踏着祥云而来，"他"很可能是个机器人。

3.13 图灵测试和阿西莫夫机器人三定律

图灵测试灵吗？有没有通过测试的人工智能？阿西莫夫的机器人三定律是什么？相信很多人会有类似疑问。

图灵测试由"人工智能之父"图灵提出，指测试者(人)在与被测试者(机器)隔开的情况下，通过一些装置(如键盘)向被测试者随意提问。进行多次测试后，如果有超过30%的测试者不能确定被测试者是人还是机器，那么这台机器就通过了测试，并被认为具有人工智能。

但图灵测试并非一个判断人工智能的标准，而是一个哲学思考，本身不具有很强的实用性，无法作为可操作的准则。

图灵测试考虑的是，**一个智能只能由其他智能来识别**。而我们虽然试图创造具有人类智慧的人工智能，但什么是人类智慧？我们一直没有一个科学的可量化的标准。

在此尴尬情形下，图灵测试给出了一个可能途径：**所有的表象合起来就是本质**。正如有句谚语：如果一个东西长得像鸭子，走路像鸭子，叫起来像鸭子，那么它就是鸭子。直到你能找到它不是鸭子的证据，比如它突然说话了，而鸭子是不会说话的，才能说它不是鸭子。

所以，图灵测试没有严格规范的、可操作的标准。虽然有些个人或组织声称已制造出可以通过图灵测试的机器，但我们知道，就现在的人工智能发展水平而言，这些都是噱头。

至于阿西莫夫的机器人三定律，其主要内容包括以下三个法则。第一法则：机器人不得伤害人类，或因不作为使人类受到伤害。第二法则：除非违背第一法则，机器人必须服从人类的命令。第三法则：在不违背第一及第二法则下，机器人必须保护自己。

首先，阿西莫夫是一位科幻小说家，不是人工智能领域的专家。机器人三定律本身是一个文学概念，不是一个严格的定律，有些用语本身很模糊。比如什么是机器人？什么是人？伤害怎么界定？精神折磨算伤害吗？假设你喜欢熬夜刷手机，机器人会不会认为熬夜和刷手机都是伤害，而把你轻轻地绑在床上？

其次，小说背景里的机器人是正电子脑机器人，不同于人工智能。对于现在的弱人工智能，不需要设置这样的规则，因为它理解不了这些规则；而到了强人工智能层次，它能理解这些规则，但会将其当作规矩去遵守，还是将其看成束缚而怨恨，尚未可知。

第三，机器人三定律当时只是为了推动小说剧情发展而提出的，反被后来的科幻小说奉为圭臬。很多人工智能题材的科幻电影，也喜欢拿其说事，它的意义早已不在定律内容本身了。

总之，机器人三定律只是小说里一厢情愿的愿望，现实中并无用处，但也不排除有一定的借鉴意义。

3.14　人工智能会叛变吗

人工智能到底对人类有没有威胁呢？这是我们一直非常感兴趣的话题。

总的来说，现在的弱人工智能不会有威胁，未来的强人工智能如果出现，肯定会有威胁，但还比较遥远。

人工智能根据能力被划分为三类：弱人工智能、强人工智能、超人工智能。

弱人工智能：专注于且只能解决特定领域问题的人工智能。比如阿尔法狗，能在围棋方面战胜李世石，但你让它炒个菜试试？

强人工智能：又称通用人工智能或完全人工智能，指的是可以胜任人类所有工作的人工智能，即真正能思考和解决问题的人工智能。

简单来说，就是人可以做什么，强人工智能就可以做什么。一般认为它有自我意识，有和生物一样的各种本能，比如生存和安全需求；可以独立思考问题，有自己的价值观和世界观，在某种意义上可以看成是新物种。

超人工智能：超级的"强人工智能"，各方面都比人类强大得多，基本上可以理解为全知全能的上帝，比如斯嘉丽演的《超体》。

目前，我国人工智能的发展处于弱人工智能阶段，虽然在某些领域看起来十分强大，但离强人工智能还比较遥远。原因很简单，具体如下。

(1) 弱人工智能本质上还是"数数"，当然数得比较快。现在主要的算法，基本离不开穷举法和概率统计，都是一些数据映射、数据拟合、概率统计等数学运算。深度学习也只是根据大量输入数据，运行预先编好的能自动修改参数的固定程序。参数万变，而程序本身是固定的，而且是人类编写的。

为什么让我们觉得很神奇呢？

因为其"数数"的速度快到不可思议。随着计算机性能的提升和云计算等技术的发展，算力大爆炸，量变引起质变，使得原本认为不是靠"数数"能解决的问题，被"数数"解决了。所谓大力出奇迹，推力大了，火箭能飞到火星；同理，计算机"数数"快了，也会有奇迹发生。

(2) 人们对人脑的认知还太少，对于为什么会出现意识、情感、智能等，还没有得出可靠的结论，又怎能制造出具有意识、智能的机器呢？

弱人工智能，在数值运算上完全超越人脑，但抽象思维等远远不如。看似单个人脑神经元细胞的功能不复杂，数量达到人脑的千亿级后就会出现意识及智能。而现在最高级别的阿尔法狗,其神经网络节点数跟人脑相比,仍然少到可基本忽略不计,离千亿级还有遥远的距离。要想实现如此庞大的神经网络,至少需等到下一次能源革命,比如可控核聚变等。

总之,人工智能对人类的威胁,至少二十年内不用担心。

3.15 一切皆有可能

什么时候能出现强人工智能?站在现在推测未来,全是想象。好比回到古代抓个学者问他"人以后能不能到月亮上去"。他也许说能,但告诉你的方法是炼丹修仙,担忧的是吴刚会骂骂咧咧举着斧头追着砍他,而不会想到坐着探月飞船登月。

同理,到时很多理论也许会被完全颠覆,我们现在所纠结的完全不是那回事。下面这张来自网络的人工智能发展成熟度曲线图(见图3-2),充分体现我们对人工智能的发展纠结矛盾的心理。

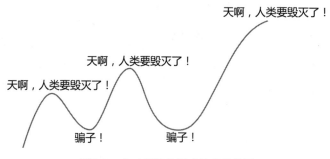

图3-2 人工智能发展成熟度曲线图

人工智能发展的趋势是无限接近人类智慧，强人工智能很可能会出现，但人类会害怕工具吗？当然不会，老祖宗怕火的话，我们现在还全身是毛地蹲在树上啃果子。那时的人类也许已经通过基因编辑、纳米技术、人机融合、体内置核反应炉等，变成超人等更高级的生命形式了。

当然，强人工智能一旦出现，超人工智能也会很快出现，它会接管人类的所有知识并飞速进化，极速提高科技水平。乐观地看，人类的所有疾病、痛苦都不是问题，永生、星际探险、时间旅行也不是问题；悲观地看，这可能是人类的最后一个发明。

未来，一切皆有可能。与其担心人工智能对人类的威胁，不如担心现在的人工智能好不好用，如何更好地发挥它的作用；考虑如何提升自己，在未来才不会被人工智能取代。

20年后，我们也许会在月球上一起看星星聊天，服务员大都是机器人。

4
凤箫声控，玉壶光感，皆属"物联网"

10月20日19时　咖啡厅内　天真、温好、大彭在等胖子

"不好意思，迟到了。下午送晕倒的同事去了医院。"胖子匆匆进来道，"他家里有四位老人要照顾，孩子还小，老婆出差，加上最近工作忙，自己又有点高血压，一连几天操劳，终于扛不住了。唉，真担心再过两年自己也是这样。"

"这就要学学我的一位朋友了。"天真安慰说，"他也是上有四老下有两小，夫妻俩工作很忙，还能应付自如。

首先，他给四位老人都配了健康手环，具备血压检测和AI健康管理等功能，可以将血压、血糖、心率、呼吸、体温、脉搏、睡眠品质、压力指数和活动数据等实时显示，让老人能够随时了解自己的身体健康状况。比如想知道此刻的血压，只要看下手环，若看到血压升高，便可马上采取措施降压；也可设置阈值，超限自动预警，避免中风、脑溢血等症状的发生。而这些数据会通过互联网，同步到医院的数据中心信息平台，当老人的健康指标出现异常时，医护人员就会根据反馈做出医学决策，及时上门实施医疗干预，或者远程会诊。同时，手环可终端远程监控，也可像手机一样通话，避免老人有时手机离身漏接电话。另外，其还具有SOS报警、吃药提醒、电子围栏、多重定位、轨迹追踪等功能。

儿童手环如同能定位和预警的贴身保姆。

[手环会将采集的数据上传到医院的数据中心信息平台进行整理分析，反馈指导建议，这都基于物联网。]

其次,给自己和老婆配备运动手环。该手环拥有运动健康、饮食控制、睡眠监测、情绪调节等功能。在运动健康方面,该手环可以实时监控心率,查看配速、跑动距离、卡路里消耗等数据,给予专业的指导建议,以帮助主人更好地调整身体状态。在饮食控制方面,该手环可以追踪和记录所吃食物的脂肪、碳水化合物和蛋白质等有关数据,根据热量摄入和消耗,提供能量平衡参数和饮食建议。在睡眠监测方面,该手环基于脑电、肌电、眼电的判定记录有效睡眠、深度睡眠、快速眼动、翻身打鼾等,可设定睡眠目标,并给出具体建议。在情绪调节方面,该手环可以帮助减少一些负面的情绪和生理反应,类似美国麻省理工学院(以下简称MIT)研发的BrightBeat软件,在音乐中嵌入一定的节奏模式,可以减缓呼吸速度,调节心律,帮助使用者调整情绪。他自称有段时间倍感焦虑、微微心律不齐,用上这个,再配合心率监测,焦虑状态慢慢消失了。

这样一来,他不用时刻担心父母的身体情况,而且自己平时多运动,注意饮食科学合理,提高睡眠质量,适当调节心理压力,身体和心情自然越来越好。"

"现代医学越来越依赖人体数据的采集和分析,数以亿计的病患如果能随时随地监测自己的身体状况,并将这些数据与医生实时共享,就可以及时得到医生的治疗建议，同时减轻了家属的护理压力。美国心脏病学家埃里克·托普(Eric J. Topol)在《颠覆医疗》一书中指出，药物和医疗设备的未来，取决于数字化人体的能力，需要做到实时无线传输无创监测生命体征，可穿戴设备是重要媒介。"温好补充道。

"可穿戴设备，可以说是物联网技术的典型应用。"天真认真道。

"真哥，物联网是什么？"大彭问。

4.1　人连人，人连物，物连物

物联网：IOT(Internet of things)，又称泛互联，即物物相连的互联网。

怎么理解呢？其主要包括两点，一是物联网的核心和基础仍是互联网，是在互联网基础上的延伸；二是用户端扩展到了物品与物品之间的信息交换和通信。

既然物联网的本质是互联网，为什么不叫作互联网呢？对于互联网，我们一般认为是**人与人的连接**，是人通过计算机、手机、iPad等终端设备相互通信，绝大部分数据都是人提供的。而物联网，不仅是人与物的连接，还包括**物与物的连接**，物联网的大部分数据都是由物提供的。

为什么要有物联网呢？一切源于人对"连接"的追求。人们想要低成本、便捷高效地"连接"沟通，互联网便诞生了。人们希望不受电脑或网络限制，能够随时随地"连接"，移动互联网就出现了。人们还想"连接"和控制物品,比如在办公室把家里的窗户关掉,于是给窗户安装嵌入式系统进行远程控制;再进一步,干脆给窗户配个温湿度传感器,让它根据温湿度变化自动开关,这样物与物"连接",物联网就出现了。

物联网的意义在于通过物联网,将物理世界的事物及行为转化为数据,构建成数据世界,再通过数据世界更好地指导和改造物理世界。

举个例子,你出门时拿起背包,它就马上告诉你钥匙落在沙发夹层,手机还在书房,楼下的无人驾驶车需要5分钟到,这就是未来生活中的物联网应用。

4.2 假如物联网是人体

百度给出的详细定义是:**物联网,是通过射频识别、红外感应器、全球定位系统、激光扫描器等信息传感设备,按约定的协议,把任何物品与互联网相连接,进行信息交换和通信,以实现对物品的智能化识别、定位、跟踪、监控和管理的一种网络。**

通过定义,我们可以看到物联网的**整体架构**,其中"射频识别、红外感应器、全球定位系统、激光扫描器等信息传感设备"是**感知层**;"进行信息交换和通信"的是**网络层**;"实现对物品的智能化识别、定位、跟踪、监控和管理"的是**处理层**;面向最终用户提供应用服务的是**应用层**。

因此，**物联网的基本特征可概括为整体感知、可靠传输和智能处理。**

打个比方，如果把物联网比作人体，那么每层的对应关系及功能如表4-1所示。

表4-1 物联网的结构

层次	功能
感知层	相当于人的眼、耳、鼻、舌和皮肤等感官器官，用来感知、采集来自物理世界的各种信息；包含大量的传感器，如温度传感器、湿度传感器、重力传感器、加速度传感器、气体浓度传感器、土壤盐分传感器等
网络层	相当于神经中枢，起到信息传输的作用；包含各种类型的网络，如互联网、移动通信网、卫星通信网等
处理层	相当于大脑，起到存储和处理的作用；包含数据存储、管理和分析平台
应用层	类似手、足、口等运动、语言器官，实现各种行为功能。直接面向用户，满足各种应用需求，如智能交通、智慧农业、智慧医疗、智能工业等

举个例子，像"车来了"这款App，是物联网的典型应用，可以随时随地查询每辆公交车到达哪一站，距离你所在的公交站还有几站，需要多长时间。这里的感知层是安装在公交车上的GPS定位设备，负责实时采集公交车当前的位置信息；网络层是安装在公交车上的3G/4G网络传输模块和移动通信网络，负责实时将车辆位置信息发送给调度中心；处理层是智能公交指挥调度中心的数据处理平台，负责及时将公交车位置数据发送给手机用户；应用层就是手机上安装的"车来了"App，负责将接收来的数据显示给用户，供用户使用和参考。

4.3 物联网的四大神通

物联网的关键技术包括识别和感知技术、网络与通信技术、嵌入式系统技术、数据挖掘与融合技术等。这些其实在我们的日常生活中很常见。

1. 识别和感知技术

二维码作为物联网中一种很重要的自动识别技术，是在一维条码基础上扩展出来的条码技术。二维码具有信息容量大、编码范围广、容错能力强、译码可靠性高、成本低、易制作等良好特性。其应用得非常广泛，比如健康码、支付码，还有商超、物流、医疗、图书馆、餐饮、服装、便利店、影院、ATM机、快递储物柜、POS收银机等。

RFID技术用于静止或移动物体的无接触自动识别，具有全天候、无接触、可同时实现多个物体自动识别等特点。我们平时使用的公交卡、门禁卡、校园卡等都嵌入了RFID芯片，可以实现迅速、便捷的数据交换。

传感器是一种检测装置，能感受到被测量的信息，并能将感受到的信息，按一定规律变换成为电信号或其他形式的信息输出，具有微型化、数字化、智能化、网络化等特点。常见的传感器类型有光敏传感器、声敏传感器、气敏传感器、化学传感器、压敏传感器、温敏传感器、流体传感器等，可以用来模仿人类的视觉、听觉、嗅觉、味觉和触觉，比如额温枪、烟感报警器等。

2. 网络与通信技术

网络与通信技术主要分为短距离无线通信技术和远程通信技术。短距离无线通信技术包括蓝牙、Wi-Fi、Zigbee、NFC、Z-WAVE、6LowPAN、Sigfox、Thread、Neul、LoRa、NB-Iot等。远程通信技术包括互联网、2G/3G/4G移动通信网络、卫星通信网络等。

3. 嵌入式系统技术

物联网想要实现的不只是感测状态，将状态"可视化"，更在于"控制"，主要目的是对人类和环境进行干涉，控制世界使其向理想状态发展。因此，嵌入式系统技术是物联网的关键技术之一。

嵌入式系统作为控制、监视或者辅助操作机器和设备的装置，是一种以应用为中心，以计算机技术为基础，软硬件可裁剪，适应应用系统对功能、可靠性、成本、体积、功耗等严格要求的专用计算机系统。以嵌入式系统为特征的智能终端产品随处可见，比如运动手环、手机、平板电脑、相机、小爱音箱、智能咖啡机等。

4. 数据挖掘与融合技术

物联网中存在大量数据来源、各种异构网络和不同类型的系统。如此大量的不同类型的数据，如何实现有效整合、处理和挖掘，是物联网处理层需要解决的关键技术问题。云计算和大数据技术的出现，使得海量物联网数据可以借助于庞大的云计算基础设施实现廉价存储，利用大数据技术实现快速处理和分析，满足各种实际应用需求。

4.4 在家云牧羊,不怕狼来了

物联网的用途十分广泛,遍及智慧交通、智能家居、智能制造、智慧农业、智慧医疗、智慧物流、智能电网、环境保护、政府工作、公共安全、工业监测、老人护理、食品溯源等众多领域,这里着重介绍以下七大应用领域。

1. 智能家居

人们可以利用物联网远程控制家用电器的运行状态,对家庭生活进行控制和管理,还可以实现迅速定位家庭成员位置等功能。比如,在工作单位通过手机远程开启家里的电饭煲、空调、门锁、监控、窗帘和电灯等。家里的窗帘和电灯也可以根据时间和光线变化自动开启和关闭,插座也可定制通断电流和自动监测设备用电情况等。还有家庭自动化、智能路由、安全监控、智能厨房、家庭机器人、传感检测、智能宠物、智能花园、跟踪设备等,极大地提升了家居安全性、便利性、舒适性和艺术性,并实现环保节能的居住环境。

2. 智慧医疗

在医疗卫生领域中,物联网通过传感器与移动设备等,对人体的生理状态进行监测,可记录人体的体重、血压、血糖、体温、脉搏、出汗指数、体力消耗、葡萄糖摄取、脑电波频率等,并实现常年24小时随时随地的监测。如此精确且多维度的数据经过整合、分析，能更全面真实地呈现人体的健康情况，并把它们记录到电子健康文件里。医生借此能够实时掌握每个病人的各项生理指标数据，科学合理地制订诊疗方案。

3. 智慧交通

以图像识别技术为核心，综合利用射频技术、标签等手段，对交通流量、驾驶违章、行驶路线、牌号信息、道路的占有率、驾驶速度等数据进行自动采集和实时传送，相应的系统会对采集到的信息进行汇总分类，并利用识别能力与控制能力进行分析处理，对机动车牌号进行识别、快速处置，为交通事件的检测提供详细的数据。

其具体应用如：智能公交，结合公交车辆的运行特点，建设公交智能调度系统，对线路、车辆进行规划调度，实现智能排班；车联网，利用先进的传感器及控制技术等实现自动驾驶或智能驾驶，实时监控车辆运行状态，降低交通事故发生率；智能红绿灯，依据车流量、行人及天气等情况，动态调控灯信号，来控制车流，提高道路承载力。

4. 智慧物流

智慧物流以物联网技术等为支撑，在物流的运输、仓储、包装、装卸搬运、流通加工、配送、信息服务等各个环节实现系统感知、全面分析、及时处理及自我调整。比如：能够选择最佳行车路线，选择最佳包裹装车方案等，实现物流资源优化调度和有效配置，提升物流系统效率，大大降低制造业、物流业等各行业的成本。

5. 智能制造

智能制造涉及很多行业，市场体量巨大，是物联网的一个重要应用领域。其主要体现在数字化和智能化的工厂改造上，包括工厂机械设备监控和工厂的环境监控。通过在设备上加装相应的传感器，使设备厂商可以远程随时随地对设备进行监控、升级和维护等操作，更好地了解产品的使用状况，完成产品全生命周期的信息收集，指导产品设计和售后服务。这样将物联网技术不断融入工业生产的各个环节，可以大幅提高制造效率，改善产品质量，降低产品成本和资源消耗，使传统工业提升到智能化的新阶段。

6. 智慧农业

在农业领域，物联网的应用非常广泛，如地表温度检测、家禽的生活情形、农作物灌溉监视情况、土壤酸碱度变化、降水量、空气、风力、氮浓缩量、土壤的酸碱性和土地的湿度等，进行合理的科学估计，为农民在减灾、抗灾、科学种植等方面提供很大的帮助，完善农业综合效益。

其具体应用如温室大棚种植，利用温度传感器、湿度传感器和光线传感器，实时获得种植大棚内的农作物的生长环境信息，远程控制大棚遮光板、通风口、喷水口的开启和关闭，让农作物始终处于最优生长环境，提高农作物产量和品质。

7. 智能电网

智能电网也被称为"电网2.0"，建立在集成的、高速双向通信网络的基础上，通过物联网先进的传感和测量技术提高数字化程度，依据先进的设备技术和控制方法强化数据的整合体系和收集体系，借助人工智能对采集汇总来的数据进行相关分析，以优化运行和管理。智能电网不仅免去了抄表工的大量工作，更可以实时获得用户用电信息，提前预测用电高峰和低谷，为合理设计电力需求响应系统提供依据，实现了电网可靠、安全、经济、高效、环境友好的目标。

物联网的最终目标是实现任何物体在任何时间、任何地点的连接，帮助人类对物理世界具有"全面的感知能力、透彻的认知能力和智慧的处理能力"。

比如以后放羊，只要给每头羊装个设备，实现定位、预警、控制，羊跑哪里了，随时能知道。有人或野兽靠近，能发出警报，并拍照传到手机里。羊跑远了，还能通过电子项圈控制它回来。牧羊人只要坐在家里对着手机或电脑，就能轻松放羊，再也不用受风吹日晒之苦了，能畜养的羊群规模和放牧效率也提高了很多。

随着5G的普及推广，会有越来越多的物联网新应用落地，改变我们的生产和生活。

4.5 万物智联，让魔法成为现实

未来的物联网，随着5G的推广和IPv6的普及，万物互联必然会到来，物理世界逐步全面数据化。

物联网作为人工智能发展的重要基础，会和人工智能技术进一步结合，人工智能设备也将被广泛应用。

以人体数字化为例，随着可穿戴设备的发展，人体数字化程度越来越全面深入，从体温、血糖等生理数据，到运动方式及时长、运动时心率、消耗热量等运动数据；既包含深浅睡眠起止时间、睡眠质量等睡眠数据，也包含脑电波频率、激素分泌等情绪数据；除此之外，还有病历、检查、诊断、药方、手术记录等医疗数据，三餐时间、食量及营养成分、饮水量等饮食数据，以及气温、湿度、空气质量、光照等环境数据。

医生可以分析长周期的个人健康数据，但对于实时变化的海量数据，要做到及时响应，就必须依赖人工智能。人工智能还可以根据各指标间的相关性变动、异常数值变化等，预测健康状况趋势，评估患某些疾病的可能性，实现"治未病"。物联网和人工智能助力下的人体数字化，可以科学合理地维护人体健康，并为精准施治提供可靠依据，是个人保健和现代医疗的必然趋势。

物联网和人工智能技术进一步结合，是必然趋势。 我们将迈入一个万物互联的智能时代。在不久的将来，就会出现这样的场景：一顶帽子在路上疯狂地奔跑哭喊，努力想要追上丢失它的马大哈主人；吃饭时，腰带紧紧地勒住你，劝谏不要暴饮暴食；上床时，床幽幽地埋怨，你又胖了；想喝酒，要打开酒柜拿瓶酒，酒柜说，你血压高了，不准喝；你要开空调，空调说，今天休假不舒服，你去隔壁屋吧，甚至帮你在附近酒店预订了房间。

万物智联，让魔法成为现实。

5

竹杖芒鞋轻胜马,谁怕?
"移动互联"唤吾弟

10月30日19时　胖子家里　天真、温好、胖子、大彭一起玩牌洗牌间隙，天真拿起手机说："遛猫时间到了。"

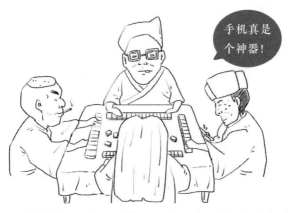

　　大彭好奇地凑过来，手机屏幕显示出远程摄像头传来的画面：一台金色扫地机器人被遥控着从角落里出来，叫金角大王，挥舞着逗猫棒，妖娆地奔猫而去。懒洋洋躺在地板上的奔波儿灞立即精神起来，一个鹞子翻身，紧盯着缓缓靠近的金角大王，冲上去就是一套快如闪电的王八拳，一边撕咬逗猫棒，一边发出凶猛的呜呜声。而另一台金色扫地机器人，阴险狡诈的银角大王，则从背后快速袭来，猛地撞向猫屁股，吓得奔波儿灞"喵"的一声，一式旱地拔葱，蹦起一米多高，逃到远处。

大彭看得哈哈大笑:"有意思,像玩电子游戏。"下意识地去摸手机。

"快洗牌,大家都等你呢!整天玩手机,还玩不够吗?"胖子呵斥。

"手机上网就是移动互联网吗?"大彭问。

5.1 移动互联网

移动互联网，是指移动通信终端与互联网相结合，成为一体，是用户使用手机、PDA或其他无线终端设备，通过速率较高的移动网络，在移动状态下(如在地铁、公交车等)随时、随地访问互联网以获取信息，使用商务、娱乐等各种网络服务。

这是它的定义，**本质仍是互联网，核心是"移动"**。我们可以从上网设备、即时连接、应用服务、身份统一和彰显个性5个方面来理解。

1. 上网设备

上网设备包括手机、iPad，以及其他无线智能终端。

以前的手机，相当于手持式电话机，是通信设备；现在的手机，实际上是手持式计算机，是互联计算设备。现在的手机运行内存基本为8G以上，2010年的主流台式机内存也不过4G。十年间，手机制造商的阵容也发生了天翻地覆的变化，当时是诺基亚、摩托罗拉、波导、爱立信等通信公司；现在则换成了苹果、三星、华为、小米等，都是计算机公司或互联网公司。

现在的手机不但是高性能计算机，还搭载了很多感测设备，具有强大的传感能力。以当前的主流手机来说，基本都搭载了触摸屏、按钮、相机、加速度感知器、照相传感器等。手机或横或竖，屏幕跟着转换，这是重力感应器在起作用。进出黑暗环境，手机屏幕背光灯会自动适应，避免看不清或太刺眼，这是光线感应器在起作用。很多老人机的加速度传感器和陀螺仪会判断老人是否摔倒，如果长时间起不来，会自动向设置好的号码示警。

2. 即时连接

即时连接，即随时随地连入移动互联网。

移动化是移动互联网区别于传统互联网的重要特征之一。用户可以随身携带和随时使用移动终端，在任意场景下使用移动互联网提供的应用服务，比如娱乐、支付、导航等。

除了睡眠时间，移动设备基本伴随在人们身边，其使用时间远高于PC机的使用时间。因此，相对于PC机上网，移动互联网有着无可比拟的便捷性，使得移动应用全面进入人们的日常生活，满足衣食住行、吃喝玩乐等各种需求，不断影响和改变着人们的生活方式。

3. 应用服务

1G即第一代移动通信系统，只能通话，信号差，费用高。2G文本时代，由模拟调制变成数字调制，虽然手机可以上网，但是只能浏览一些纯文本信息。3G图像时代，可能通过手机浏览包含大量图像的门户网站。4G视频时代，催生了抖音、快手等视频网络公司，具备速度更快、通信灵活、智能性高、通信质量高、费用便宜等特点，可支撑各种应用，能够满足几乎所有用户对无线服务的要求。

在悄然到来的5G时代，其速度会比4G快得多，使图像识别、手势识别、人脸识别、语音识别等的下载与上传处理更加快捷，实现多种设备间的相互交互，其将推动移动互联网、物联网和人工智能的飞速发展，深刻改变我们的生活。

4. 身份统一

身份统一是指移动互联用户的自然身份、社会身份、交易身份、支付身份通过移动互联网平台得以统一。比如，网银绑定手机号和银行卡，支付时验证手机号就可以直接从银行卡扣钱。很多个人信息本来是分散的，随着移动互联网的发展和一些平台的完善，分散各处的个人信息将在手机这里得到统一。

5. 彰显个性

由于手机一般被个人持有并使用，私密性比较好，因此可以满足人们的个性化需求。手机上的移动应用也会通过大数据技术满足个性化需求。

如果说传统互联网是计算机与计算机的连接，那么移动互联网不仅是手机与手机的连接，更是人与人的连接、人与物的连接。

5.2 神器在手，天下我有

智能手机的迅速发展，大大推动了移动互联网在整个社会中的广泛应用。不断创新的移动互联网技术，在工作、学习、社交、医疗、社会治理等方面逐渐影响和改变着我们的生活。移动互联网还具有个性化、娱乐化、互动性等特点，能够知道用户的身份、位置、购物倾向和爱好，提供各种各样的服务，如位置服务、支付服务等。

《中国互联网络发展状况统计报告》显示，截至2021年6月，我国网民规模达10.11亿，使用手机上网比例为99.6%，且比例逐年上升；而使用台式机上网比例为34.6%，且比例逐年下降。手机网民规模达10.07亿，其中手机即时通信用户规模达9.83亿，手机搜索引擎用户规模达7.95亿，手机网络购物用户规模达8.12亿，手机网络支付用户规模达8.72亿。大量的移动互联网应用逐渐渗透到人们生活、工作的各个方面。截至2019年12月，我国国内市场上监测到的App为367万款，其中本土第三方应用商店App数量为217万款，苹果商店(中国区)App数量超过150万款。App数量排在前四位的是游戏、日常工具、电子商务和生活服务，数量分别达90.9万、51.4万、38.8万和31.7万，占全部App比例为24.8%、14.0%、10.6%和8.6%。

我们按照用户规模和占手机网民的比例进行排序，总结出使用最广泛的10个移动互联网应用。

1. 即时通信

据有关数据显示，截至2020年6月，手机即时通信用户规模达9.30亿，占手机网民的比例为99.8%。

对个人用户而言，即时通信从沟通平台向服务平台拓展，已逐步成为用户数字化生活的基础平台。通过小程序等，使越来越多的线上线下服务被纳入即时通信的生态系统。微信的官方数据显示，2018年有58万个小程序上线，2019年小程序日活跃用户突破3亿。

在企业用户方面，即时通信应用开始成为企业信息化转型的得力助手。比如微信、钉钉，除了提供即时通信功能，还提供了基于云端的多人音视频会议、共享文档编辑、异地项目协同管理等功能。

2. 移动支付

移动支付，也称手机网络支付，是指允许用户使用其移动终端(通常是手机)对所消费的商品或服务进行账务支付的一种服务方式。有关数据显示，手机网络支付用户规模达8.02亿，占手机网民的比例为86.0%。像支付宝、微信支付、云闪付等移动支付手段，使消费者和商户实现无接触交易，为新冠肺炎疫情防控工作做出了巨大贡献。

3. 手机购物

对于手机购物，我们都不陌生。我们可以随时随地使用手机上的天猫、淘宝、京东、苏宁易购等电商App购物。

2020年4月20日，习近平总书记在陕西省柞水县金米村调研脱贫攻坚情况时，几位村民正在做网上卖货的准备工作。习近平总书记鼓励他们，说："电商，在农副产品的推销方面是非常重要的，是大有可为的。"随着以国内大循环为主体、国内国际双循环相互促进的新发展格局日趋形成，电商直播成为各级政府提振经济、拉动消费的新增长点。截至2020年6月，手机网络购物用户规模达7.47亿，占手机网民的比例为80.1%。网络消费通过模式创新、渠道下沉等方式不断释放新动能，直播电商不断拓展网络销售空间，电商直播用户规模已达3.09亿，活跃主播数超过40万，观看人次超过500亿，成为2020年上半年增长最快的个人互联网应用。

4. 移动社交

移动社交主要是指以移动终端为载体的社交网络服务。截至2020

年3月，微信朋友圈、微博的使用率分别为85.1%、42.5%。各类社交产品如雨后春笋般涌现，大多嵌入短视频、直播等功能，如基于短视频的"多闪"。腾讯、陌陌陆续推出多款匿名社交App，搜狐、新浪也不甘示弱，推出浅互动的"狐友""绿洲"等。

5. 移动搜索

相比传统互联网的搜索，移动搜索对技术的要求更高，包括地理位置、智能搜索、语义关联、语音识别等多种技术。有关数据显示，截至2020年6月，手机搜索引擎用户规模达7.61亿，占手机网民的比例为81.6%。百度智能小程序活跃用户数超过3亿。

6. 手机游戏

手机游戏可分为在线移动游戏和非网络在线移动游戏，是目前移动互联网最热门的应用之一。像很多人喜闻乐见的《王者荣耀》《绝地求生》等，吸引了一大批年轻的用户。有关数据显示，截至2020年6月，手机网络游戏用户规模达5.36亿，占手机网民的比例为57.5%。

7. 视频直播

截至2020年6月，我国短视频用户规模为8.18亿，占网民整体的87.0%。现在的互联网中坚人群是90后和00后，不喜欢严肃、刻板，更青睐轻松快乐的生活、学习和工作方式。因此，"娱乐化"正在成为越来越多互联网产品和运营的重点。像抖音、快手、斗鱼等通过短视频将娱乐和信息进行深度融合，以极富创意和观赏性的短视频内容来打动观众,并通过社交网络的分享,增加用户流量,从而实现变现。同时,社交网络为短视频应用提供流量,短视频应用为社交网络提供内容,两者互相推动,实现多方共赢。

8. 电子阅读

电子阅读是指利用移动智能终端阅读电子书、报纸、期刊等的应用,可以方便用户随时随地浏览,充分利用用户的碎片化时间。

其中,手机网络文学的用户数量发展最快,网络文学主要是指以网络为载体而发表的文学作品。据有关数据显示,截至2020年6月,我国手机网络文学用户达4.65亿,占手机网民的比例为49.9%。知名的网站平台有阅文集团旗下的起点、创世、红袖添香,此外还有17K、纵横、飞卢等。这些网站作品量大,良莠不齐,但也不乏精品,如当年明月的《明朝那些事儿》,先在网上发表,后来出版了实体书。而之前热播的《甄嬛传》,就是由网络作家流潋紫原载于晋江文学城的长篇小说《后宫·甄嬛传》改编的。

9. 网络音乐

对于网络音乐,比较有名的有酷狗音乐、网易云音乐、虾米音乐、阿里音乐等。有关数据显示,手机网络音乐用户规模达6.35亿,占手机网民的比例为68.2%。

10. 网络新闻

新兴媒体和移动互联网深度融合,传统媒体也愈发重视新闻传播途径，主动加强与移动互联网上平台企业的合作。《新闻联播》入驻抖音、快手等短视频平台，当天粉丝数超千万。有关数据显示，手机网络新闻用户规模达7.19亿，占手机网民的比例为77.2%。

除以上10种应用以外，还有许多应用被广泛使用，如在线教育、网上外卖、旅行预订、网约车等。

所以，"手机党"这个词一度很流行。所谓手机党，不是真正意义上的党派，没有组织性与规章性，是对使用手机进行互联网交流的人群的统称，简称MP(mobilephone party)。手机党的兴起，从侧面反映了移动互联网的蓬勃发展和全面普及。

若想和全国各地的亲友聊天，只需点开微信，就能看到对方的脸，听到说话的声音，比千里传音还好用；若想了解天下大事和小城逸闻，只需浏览"今日头条"，远到撒哈拉沙漠起风沙，近到小区有狗走失，大事小情，皆入眼底，堪比千里眼、顺风耳；若想听段小曲，只需点开"抖音""快手""斗鱼"，全国各地的播主献歌献舞，竞相耍宝，只为求你一赞；若想体验当英雄的感觉，只需点开《王者荣耀》《绝地求生》(即"吃鸡")，即可手持长枪短炮，畅快淋漓地大战一场。除此之外，我们可以随时随地召唤外卖送美食，召唤看中的商品快递到家，大有一种"手机在手，天下我有"的感觉。如果古人穿越到现代，肯定会把手机当成神器来膜拜，缺点就是有些费钱。

5.3 马作的卢飞快,网是5G人惊

热度非常高的5G是什么?

百度百科是这样定义的:5G,第五代移动通信技术(英语为5th generation mobile networks,或者5th generation wireless systems,或者5th-Generation,简称5G或5G技术),是最新一代蜂窝移动通信技术,也是继4G(LTE-A、WiMax)、3G(UMTS、LTE)和2G(GSM)之后的延伸。

5G的本质,是高速率、低时延的信息传输,并将无处不在。

相对于4G,5G具有三大优势。

(1) 高速率:数据传输速率峰值理论上可达20Gb/s,即每秒2.5GB,比4G网络的传输速度快10倍以上,比当前的有线互联网快。举个例子,5G技术下,一部1G的电影可在4秒内下载完成。

(2) 低时延:理论上5G的时延低于1毫秒,而4G为30~70毫秒。在当前的应用中,5G的时延为10毫秒左右,比人的反应速度还要快。

(3) 广连接:5G网络不仅仅为手机提供服务,还将成为一般性的家庭和办公网络提供商,与有线网络提供商竞争。5G网络配合其他技术,空间将在数据意义上急剧压缩,以后会出现万物互联的全新景象。

5G能给我们带来什么呢?

就目前来讲,4G确实够用。但5G的意义不仅仅在于通信技术的升级换代,单纯让网速快起来。更深远的意义在于,**5G作为一种赋能,能与物联网、人工智能、大数据、云计算等数字技术紧密相连,在现实世界和数字世界之间搭起一个数据交互的桥梁**,极大地改变我们未来10年的生产、生活和工作方式。具体来说,未来的很多场景都需要5G技术来支撑。

1. AR / VR

这是离我们每个人最近的5G应用。5G的高速和低延时,可以直接将图像的渲染、处理等功能放到云上,将大量的数据传到云上。AR/VR设备的价格将会大幅下降,终端的普及将会极大地推动AR/VR各种应用被广泛运用。

2. 无人驾驶

作为一个综合又复杂的系统,车与云的协同、车与车之间的通信、道路实时车况的信息、路径规划等,都对高速率、低时延提出了非常高的要求,这是5G能做到而4G做不到的。

3. 工业智造

现有工业体系相对封闭,多个设备环节使用的通信方式各不相同,很难实现系统的统一管理和云化。但通过5G,可以统一整合现有的协议,助力数据的统一化,进而实现数据的智能化。例如,工厂的机械臂用Wi-Fi,云化小车用ZigBee,摄像头用有线网络,扫码用4G,协议众多,用5G可以做到网络协议的统一,实现各平台间数据的统一管理,并将大数据整合起来,实现更好的智能化。

4. 协同系统

比如你要维修一辆车,而专家在异地,就可以利用5G低时延,实现远程协同操作。再比如远程医疗,在有线铺设不到的山区、野外,或在救护车上突发疾病需要手术等紧急场景下，医生可通过5G远程诊治。

5. 云终端

为了实现高速率、低时延，手机和电脑的所有存储、运算、处理等工作全部交给云端，其自身成为只负责输入和输出的云手机、云电脑。

还有像远程全息会议、智慧城市、数字政府等，以及5G支持下的高清视频监控、报警快速响应，使得人身和财产安全得到更好的保护；5G广泛接入，获取海量数据资源，提高政府决策的科学性和准确性；5G智能交通系统和车联网，能降低事故率和拥堵程度……在5G时代，我们将实现从"人机互联"到"万物互联"，其发展潜力和想象空间巨大，并将决定我们未来的生活和工作。

6
众人对记"区块链",
一笔一笔复一笔

11月11日18时　月河街　天真、温好、胖子、大彭一起闲逛

2010年5月22日18:16，美国有一个名叫Laszlo Hanyecz的程序员，用10 000枚比特币向一位比特币爱好者"购买"了两个披萨。当时他觉得一枚比特币值0.003美元，也就是一顿吃掉了30美元。

截至北京时间2021年2月21日18:20，单枚比特币高达57 619.81美元。10 000枚比特币就是5.76亿美元，按当前汇率计算，相当于37.2亿人民币，而这10 000枚比特币当年只换了两个披萨。

想对比特币有更多了解,先来认识渊源深厚的区块链吧!

6.1 凡事都要记在小本上

什么是区块链？区块链和比特币有什么关系？最近，中国数字货币出来了，和比特币是同一类货币吗？想必这是现在很多人都有的疑问。

区块链的定义是这样的：**从应用视角来看，区块链是一个分布式的共享账本和数据库，具有去中心化、不可篡改、全程留痕、可追溯、集体维护、公开透明等特点。**

举个例子，我们网上交易首先要解决的问题是什么？是信任。比如淘宝购物，买家付了钱，卖家不发货怎么办？或者卖家发货了，买家不肯付钱怎么办？这时，支付宝作为中间担保的作用就体现出来了，买家和卖家都信任支付宝。在这里，支付宝就是万千买家和卖家的唯一中心。这是**中心化**。

而去中心化是怎么回事呢？就是不需要支付宝了。但没有支付宝担保，怎么进行交易？

我们可以这样实现。买家A想购买卖家B的货，需付款1000元。这条付款记录会被A记在一个小本上，同时广播出去，不止卖家B会用小本记录下来，还有万千的买家和卖家C、D、E、F、G等，都会将其如实地记在小本上：某时某分，A付给B1000元。这样一来，就算B撕毁了自己的小本，也无法抵赖；当然，就算A篡改了金额，也只能算作无效修改，因为其他人的小本上记得清清楚楚，虚假的小本毫无用处。

同样，B发货后，也会用小本记录下来，并广播出来，让大家都知道，并记在各自的小本上。还有C与D、E与F等的交易记录，全部如此。

即使没有一个中心，交易也能正常进行，这就是**去中心化**。

大家都有这样的小本，内容都差不多，但为了保证每个小本完全一致，会在每个时间节点挑出记得最快、质量最好的那个人，比如0点到2点可能A记得最好，2点到4点B记得最好……22点到0点C记得最好。不同时间节点的A、B、C手中的小本就是"区块"，收缴起来，根据时间"链"在一起，成了大一些的小本。然后，将其复制分发给所有人，这样所有人手中的小本又实现了完全一致。所有人都有小本在记账，任何一个人的小本丢失都不会有任何影响，可以说非常安全和稳定。大概原理就是这么简单，但在具体实现时要复杂得多，里面有很多细节需要技术重构。

总之，**区块链以实现去中心化为目的，集合分布式账本、密码学、共识机制以及智能合约等多种计算机技术**，具体有以下几点。

(1) 区块链是一个放在非安全环境中的分布式数据库(系统)，利用分布式账本技术解决存储问题。

(2) 区块链采用密码学的方法来保障信息安全。核心技术是哈希算法、Merkle树、公钥密码算法。其中，哈希算法是在一个信息后面放上这个信息的哈希值，保证不可被篡改；而公钥密码算法中的非对称加密，好比你公开一个邮箱，所有人都能给你的邮箱发信息，但只有你能读信息内容。同时，区块链运行的时间越久，篡改的难度就越大。

(3) 区块链采用共识算法对新增数据达成共识，解决信任问题。

(4) 区块链采用智能合约技术实现一些功能。

通过这样的方式，一方面可以有效规避数据都由中心化机构保存所带来的风险；另一方面，也可以解决中心化机构权力过大而带来的监管难题。

当然，这还存在一种极端情况，A非常强大，抢了大半数人的小本，记上B欠A10 000元。根据少数服从多数等原则，B即使没有欠A钱，也必须按照小本的记录来偿还，这叫作"**51%攻击**"。"**51%攻击**"是区块链里一个很有名的概念，理论上存在，但在真实世界里很难发生，因为这意味着至少要控制全球51%的算力，面对的是分布全球的计算机节点，同时要考虑经济、政治等其他因素。

区块链也传递了这样一种思想：**所有人在这样一个世界里开诚布公、互相监督、消灭欺诈和作弊。**

6.2 区块链的用武之地

区块链作为一个实质上的共享数据库，存储于其中的数据或信息具有去中心化、不可篡改、全程留痕、可追溯、集体维护、公开透明等特点。正因为这些特点，区块链技术奠定了坚实的"信任"基础，创造了可靠的"合作"机制，具有广阔的运用前景。

1. 金融领域

区块链在国际汇兑、信用证、股权登记和证券交易所等金融领域有着潜在的、巨大的应用价值。比如用于银行等大型机构间转账结算，能够省去第三方中介环节，实现点对点的直接对接，既降低了成本，又提高了效率。还有基于区块链技术的发票、信贷等，因为不可篡改、可追溯等技术特质，不太可能出现假发票、骗贷等现象。

2.物流领域

区块链在物流领域可以发挥重要作用，配合物联网的普及应用，物资的数据化和可记录、可追溯变得更加可行可靠，有效解决物流运输及资金真实性证明问题，实现数据交叉核验，帮助运输产业上下游参与者更好地获得金融机构、监管机构和客户的信任，同时降低物流成本，实现物品生产和运送的实时追溯，提高供应链管理的效率。

3.公共服务领域

区块链在公共服务领域的应用，主要围绕身份验证、鉴证确权、信息共享和透明政府展开。

(1) 身份验证：身份证、护照、驾照、出生证明等公民身份证明都存储在区块链账本中。

(2) 鉴证确权：可将与公民财产、数字版权相关的所有权证明存储在区块链账本中。在线存储这些数据信息时，不需要任何物理签名，就可以在线处理烦琐的流程，并大幅减少权益登记和转让的步骤，减少产权交易过程中的欺诈行为等。

(3) 信息共享：用于机构内部以及机构之间的信息共享，可以做到实时同步，减少协同中的摩擦。

(4) 透明政府：将政府预算、公共政策信息及竞选投票信息用区块链的方式记录及公开，增加公民对政府的信任。

4.数字版权领域

通过区块链技术，可以对文字、视频、音频等作品进行鉴权，保证权属的真实性、唯一性，相当于打上DNA标签，一经写入，就无法篡改，并能有效追溯版权在互联网的流转和传播，后续交易都会进行实时的记录。所有版权信息及交易记录在互联网上公开透明，非常方便查阅，可有效维权，防止抄袭，还能避免多重授权、定价混乱、欺诈等现象，很好地实现数字版权全生命周期管理。

5. 保险领域

区块链技术已迅速渗透到保险行业，从风控、运营、再保险等方面影响保险公司的效率和商业模式。在全球范围内，已有部分保险巨头和新兴网络公司开始使用区块链技术来防范保险欺诈，追踪医疗记录等。比如通过智能合约的应用，既无须投保人申请，也无须保险公司批准，只要触发理赔条件，即可实现保单自动理赔，可以提高效率，降低管理和运营成本。

6. 公益领域

区块链不可篡改的时间戳，可以有效追溯捐赠款项的去向，确保捐款人清楚捐赠款项的流向，并且可以随时查询，从而保证资金安全可控、专款专用。加密技术的使用，能更好地保护被捐助人和捐助人的隐私。智能合约的使用，可以解决传统慈善公益项目中复杂的流程和暗箱操作等问题，杜绝过程中的"猫腻行为"。公益流程中的相关信息，如捐赠项目、募集明细、资金流向、受助人反馈等，均可以存放于区块链上，并且有条件地进行透明公开公示，方便社会监督。

6.3 "一不小心错过了几个亿"的比特币

区块链和比特币有什么关系？

先看比特币的定义。**比特币，英文名Bitcoin，缩写BTC，是一种基于区块链技术的数字货币，由一串串计算机生成的复杂代码组成**。也就是说，它是虚拟货币。

它们之间的关系可以这样理解。

(1) 区块链是比特币原创的核心技术。比特币发明之后，很多人参考比特币中的区块链技术，使用类似的技术实现各种应用，这类技术统称为区块链技术。

(2) 比特币是区块链技术的验证，而不是区块链技术的功能，不能代表区块链技术的未来。

我们再举个例子，说一下什么是比特币。

某地举办冬奥会知识竞答比赛，奖品是可爱的冰墩墩。主办方每10分钟发布一个问题，谁最先解答出来，就赠送他一只冰墩墩，并附送他25比特币。谁先解答出来，就要高喊"我算出来了，这只冰墩墩我领走了"，然后在小本上记录"某时某分，解答XXX，编号YYY……"。其他人即使算到99.9%，也只能无奈地放弃，开始解答下一个问题，并在自己的小本上记录该条信息。如果A、B同时解答出来怎么办呢？时间会精确到纳秒级，不存在同时解答的可能。比特币的大概原理是这样，实际的操作原理会相对复杂一些。

在比特币的网络中，每个人都有一个小本，这个小本记录了所有的账户信息和交易信息。如果某人账本里的信息太陈旧，就要从别人账本里把新信息复制过来。比特币每10分钟产生一个区块,这个区块记录了很多笔交易信息,然后每个人对区块中的交易信息进行比对,对正确的交易进行确认,对错误的交易进行拒绝。如果一笔交易被51%以上的人确认了,那么这笔交易就算成立了。每10分钟一个的源源不断的区块,就组成了区块链。伴随着每一个区块,算法会产生一定数量的比特币。现在是每10分钟产生25个比特币,下一个4年会减半。新产生的比特币会分配给参与记账的人,分配的算法具有随机性,但参与记账的工作量越多,获得比特币的机会就越大。通过参与记账来获得比特币就叫作**挖矿**。

比特币的历史很短。2008年11月1日,一个自称中本聪的人在P2P foundation网站上发布了比特币白皮书《比特币:一种点对点的电子现金系统》,陈述了他对电子货币的新设想。2009年1月3日,中本聪写了创世区块,也就是区块链的第一个区块,比特币正式诞生。而后面的每个新区块都要基于前一个区块来生成,认同并加入进来的人越来越多。创世区块里限定比特币的总数是2 100万个,到2140年,所有比特币(20 999 999 980)将全部发行完毕,之后不会再有新的比特币产生。

但比特币的价格很魔幻。2021年1月8日,比特币突破41 000美元每枚,创历史新高。如果拉长时间线,自比特币2009年诞生、第一次在2010年产生价格(约0.002 5美元)开始计算,截至2021年1月8日,比特币在10年的时间里价格涨幅达1 640万倍。有暴涨,就有暴跌。比特币在2020年的价格上涨了300%,同年11月26日遭遇闪崩,一度跌近3 000美元,下跌逾14%。从2010年至今,比特币共经历了11次暴跌。

为什么比特币的价格波动这么大?主要原因是比特币的市值较小,很容易被庄家或大资金操作,散户的情绪也很容易被放大。2021年2月,比特币市值一度达到约9 600亿美元,但和美元、人民币相比,无论从市值规模还是参与人员数量,它们并不在一个量级上。

看到比特币上演的财富奇迹，人们又山寨了莱特币、以太坊、瑞波币、柚子币等虚拟货币。但是，这些数字货币都没能复制比特币的奇迹，有的坚持着有所升值，有的已经归零退市。比特币固然有其现实意义，但比特币的疯涨和炒作，更像是一个击鼓传花的骗局，是一个泡沫。

我国不认可比特币是一种法定货币，而只是一种特殊的虚拟商品，人们可以自由交换赠予，但法律不对这种赠予和交易交换行为提供保障。早在2013年中国人民银行等五部委发布的《关于防范比特币风险的通知》就明确提出：从性质上看，比特币是一种特定的虚拟商品，不具有与货币等同的法律地位，不能且不应作为货币在市场上流通使用。

我们了解比特币，也只是想通过它了解区块链技术，把它看作区块链技术的验证，而非其他。

6.4　中国数字货币来了

中国人民银行推出的数字人民币和比特币是同一类型的吗？显然不是。

2020年8月，人民币迎来了前所未有的升级，商务部印发《关于印发全面深化服务贸易创新发展试点总体方案》(以下简称《方案》)，提出在京津冀、长三角、粤港澳大湾区及中西部具备条件的试点地区开展数字人民币试点。人民银行制定政策保障措施，先由深圳、成都、苏州、雄安新区等地及未来冬奥场景相关部门协助推进，后续视情况推广到其他地区。

该数字货币具有两个概念，即CBDC和DCEP。

(1) CBDC，英文全称是central bank digital currency，即中央银行数字货币。

(2) DCEP，英文全称是digital currency electronic payment，即数字货币和电子支付工具。

CBDC是世界各国中央银行发行的法定数字货币的通用叫法，而DCEP是中国人民银行数字货币的叫法。

DCEP是我国的法定数字货币，由中国人民银行发行，指定运营机构参与运营，并向公众兑换，以广义账户体系为基础，支持银行账户松耦合功能，与纸钞和硬币等价，是具有价值特征和法偿性的可控匿名的支付工具。 简单地说，人民银行数字货币可以看成是数字化的人民币现金，即数字货币的功能和属性跟纸钞完全一样，只不过形态是数字化的。

DCEP不是央行版"比特币"，和比特币不是一类事物。

(1) **模式不同**。比特币最大的特点是去中心化，没有单一的发行方，也没有统一的监管方，采用挖矿的形式产出，只以区块链结束，从而保证系统正常运行。而中国人民银行的数字货币，恰恰是中心化的。DCEP由央行统一发行，遵循了传统的从中国人民银行到运营机构的双层投放体系。并且为了中国人民银行的宏观审慎和货币调控职能，**DCEP更是要采用中心化的管理模式**。

(2) **技术不同**。比特币是区块链技术的代表作。现在的区块链技术要求每个人都要有一份完整账本，有时还存在节点竞争等，导致性能低、延迟性高、高并发等问题(交易量一大，区块链便处理不了)。比如，网联交易估算峰值可达18万笔/秒，而比特币最快只能每秒7笔，根本无法满足中国零售级别的应用需要。当然，区块链技术具有不可篡改、全程留痕、可追溯等优点。**DCEP的技术会部分借鉴区块链，但区块链绝不是唯一的技术。**

(3) 属性不同。DCEP官方货币的背后是国家信用，与传统人民币现钞价值是1∶1的对应关系，具有无限法偿性，是真正的货币。比特币等加密货币本质上是一种虚拟商品，价格起伏波动很大，并没有任何的货币属性，无法充当合格的一般等价物。

因此，两者不可混为一谈。

同时，DCEP与QQ币、支付宝、微信支付等也不相同，具体如下。

(1) DCEP具有无限法偿性。Q币等诸多游戏金币只能充值而无法提现，生态只限于一个小客户端。因为不能跨生态流转，所以是"虚拟货币"。支付宝、微信支付等第三方支付平台，虽然可以充值和提现，并由腾讯和蚂蚁金服做信用担保，可以在其合作企业生态中无障碍流转，但还是需要通过绑定银行卡才可以实现支付功能，并且不具有法偿性，可以被拒收。而DCEP的本质是央行背书的法定货币，不需要绑定银行卡就可以进行支付，并具有无限法偿性，在使用人民币支付的地方是不可以拒收的。

(2) DCEP采用"双离线支付"。这一模式充分弥补了目前支付宝、微信支付的使用缺点。即使双方都没有网络，只要手机有电，仍然可以便捷支付。这样可使得一些身处不通网络的偏远地区的人使用DCEP交易，更利于普及推广。

(3) DCEP的安全可靠性高。DCEP账户必然是实名制的，交易可追溯，这在很大程度上保障了资金的安全性。同时其属于半私密性账本，只有政府才有权查阅，并在可控情况下满足公众对匿名支付的需求，大幅提高个人的支付信息安全性。

DCEP的好处有很多，具体如下。

(1) 提高经济调控效率。 如果整个社会全部使用数字货币，经济调控的效率会高到无以复加。比如现在央行制定货币政策，加息0.25%，可能要6个月之后才能观察到一些效果。如果全部使用数字货币，由于数字货币详细记录了每个人换手的所有情况，那么就可以实时知道货币政策的效果。

如果我们再用人工智能、海量数据不断去训练它，货币政策完全可以进化到像汽车无人驾驶一样，实现自动最优化调整。这是传统的货币无法企及的，也是所有的经济学家、货币政策制定者梦寐以求的。

(2) 有效实现金融监控。 过去通过现金进行违法交易，可以匿名进行而不留痕迹，但DCEP采用实名制。央行作为监管者，可以通过大数据分析与数据挖掘技术，监控可疑的操作(比如大量分散的钱集中到一个账户后迅速分散等)，高效地实施鉴定、合规审查工作，以及反洗钱、反恐怖融资和反逃税的"三反"工作，精确打击任何利用平台进行的洗钱、诈骗等违法违规活动。

(3) 推进人民币全球化。 跨境支付的问题主要是到账周期长、速度慢、费用高、手续多、效率低，而数字货币最大的优势就是便捷、高效、时效性高、成本低，因此能够克服传统跨境支付方式存在的缺陷。

在国际贸易的结算中，跨境交易都可以用DCEP来实现，不但安全便捷、成本低，更能有效提高人民币在国际市场上的流通性，取代全世界大部分的第三方交易货币，也意味着人民币取代美元的国际地位成为可能。

我国在数字货币研发领域已经走在世界前列，为进一步深化金融系统改革，推动金融与实业的紧密结合提供了新抓手。在数字货币变革的驱动下，我国数字化治理体系发展将迎来全新的时代。

7
"虚拟现实"卢生入梦,
"增强现实"刘阮遇仙

11月14日10时　万达广场内　胖子带大彭玩VR游戏

VR游戏厅内，沉浸在《古墓丽影》游戏里的大彭头戴VR眼镜，手持操作手柄大呼小叫。胖子百无聊赖地玩着手机，见天真过来，促狭地朝天真笑笑，来到浑然无觉的大彭背后，两手穿腋下向上一抬。处在高度紧张状态的大彭吓得发出一声直入云霄的凄厉惨叫，通关失败，摘下VR眼镜，抱怨道："表哥，你这样会把我吓成神经病的。"

"走，哥带你吃好吃的压压惊。"胖子说。

"刚才的游戏玩得怎么样？"天真问大彭。

"挺好玩，很刺激，就是玩多了头晕。"大彭说。

"正常的，这是现在的VR设备的通病。晕眩感来自虚拟现实中的感知与现实世界中的真实感知的偏差。要达到乱真的VR视觉效果，视场需要达到210°×135°，角分辨为60像素/度，刷新率为1800 Hz。按照现在VR的发展速度，这个目标可以在2025—2028年实现。20年内，整个VR设备可以缩小到隐形眼镜的大小，分辨率达到16K以上，这样虚拟和现实就难以分别了。"天真说。

我梦到我变成了龙骑士，真爽！可还是醒了！

VR游戏,让你再续美梦。

"就像《头号玩家》里的绿洲游戏那样吗?那真是太爽了!"大彭兴奋地搓手道。

"嗯,差不多。《头号玩家》的背景设定在2045年,但其实,VR的时代会比2045年要来得更快,也许十年左右就可以。《玩家一号》里的玩家戴着特制的VR手套和制服,能让人与虚拟世界的物品发生互动,并且获得各种感觉。这些技术早在20世纪80年代就已经在实验室里出现,并在今天获得很大进展。比如AxonVR,其核心是一套全身的衣服,衣服里布满几千个类似像素那样的感应点,让人身体的各个部位都能感应虚拟环境,包括冷、热、材质等,并与之互动。你在沙漠上走,就有脚陷在沙子里的感觉,并且越来越热;在雨天,可以感受到雨点落在手上的感觉,觉得手好像被打湿了。

所以,《头号玩家》的世界并没有我们想象得那么远。

而VR的应用,可不止在游戏领域,其他领域的前景更广阔。"

"VR是什么?"大彭终于好奇地发问了。

7.1 带你做梦带你飞

VR是virtual reality的缩写，直译中文为虚拟现实，又称灵境技术或人工环境。

虚拟现实，顾名思义，就是虚拟出一个世界，让用户以为眼前的一切都是真实的，并沉浸其中。再直白一点，我们都做过梦，梦中世界是虚拟的，但在梦中的我们往往不觉得是在做梦，而是把它当成现实，沉浸其中。

VR就如同做梦，区别在于梦中的虚拟世界由人脑生成，而VR中的虚拟世界由计算机生成，让你体验。换句话说，就是计算机带你做梦带你飞。

所以从理论上来讲，虚拟现实技术(VR)是一种可以创建和体验虚拟世界的计算机仿真系统，利用计算机生成多种给人感官刺激的虚拟环境，对参与者直接施加视觉、听觉和触觉等感受，并且用户能够以自然的方式与这个环境交互，从而产生置身于相应的真实环境中的虚幻感、沉浸感，以及身临其境的感觉。

简单来说，VR有三要素：①三维环境，即制作出对用户来说，从视觉、听觉到触觉等都相对真实的三维自然环境；②实时交互，即在现实里的操作，在虚拟环境里能得到实时反馈，具有很好的互动性；③自我投射，即让用户自身浸入到虚拟环境中。

举个例子，当你带上VR头盔，在现实里摆头环顾四周时，画面也随即相应展现四周不同的景物。你可能是一只鹰，看到的是不同角度的天空；也可能是一只鲲，能看到海底不同角落的鲸。画面全息、立体，跟二维平面和3D展现完全是两个概念。如果配上VR手柄，那么在现实里挥挥手，在VR头盔里也会感应到相应的动作。如果配上VR背心设备，那么你在游戏里若不慎被弓箭击中，可能真实的身体也会有被打中的感受。如果要用几个词来形容，就是身临其境、仿若梦境。

现实中总有一些限制导致人们无法更好地实现自己的想法或者梦想。比如，因伤病无法继续坚持自己舞蹈梦的小孩，可以在虚拟世界中翩翩起舞，并且更轻盈优美；平日加班受老板责骂疲惫不堪的上班族，可以在虚拟世界中放松自己，或追寻诗与远方，探索星辰大海，或争霸天下，坐拥美女财富。

在现实中，VR的应用越来越广泛。举个例子，2020年3月1日，北京市一中院在审理"张某故意杀害女友案"的举证环节，目击证人在VR眼镜的帮助下，带领法庭全体人员回到模拟的案发现场。目击证人用手操作手柄控制方向和位置，一五一十还原案件经过，有利于法官定罪量刑。如果采取过去的口述方式，可能不会如此直接形象地展示案发经过。

7.2　让你见"Ta"让你"嗨"

说到VR，就必须要说一下它的同胞兄弟AR。

AR是augmented reality的缩写，直译中文为增强现实，又称扩增现实。

增强现实，就是虚拟出一个物体，加入到现实世界，多出来的虚拟物体融入现实世界，像对现实进行了补充和增强。直白一点，醉酒的人有时会幻视，即在真实的环境里看到实际不存在的虚拟物体，比如喝醉酒在马路上看见鬼，马路是真实环境，而鬼是人脑生成的虚拟物体。

而AR就如同幻视，区别在于AR中的虚拟物体由计算机生成，让你体验，当然往往是美好的东西，比如你喜欢的"Ta"、AR游戏里的极品精灵，或者支付宝的AR实景大红包。简而言之，就是计算机让你见"Ta"让你"嗨"。

从理论上讲，**AR是一种将虚拟信息与真实世界巧妙融合的技术。它将计算机生成的文字、图像、三维模型等虚拟信息模拟仿真后，应用到真实世界中，两种信息互为补充，从而实现对真实世界的"增强"。**

两者的区别非常明显。

VR是完全模拟出一个完整封闭的虚拟世界，这个虚拟世界是纯虚拟场景，是假的。而AR只是在真实世界里增加虚拟物体，半真半假。简单总结，VR如同卢生做的黄粱美梦，梦里的一切全是虚拟的，是让人"进入"虚拟世界；而AR好比刘阮在天台山遇到仙女，天台山是真实的，仙女是虚拟的，是虚拟物体"来到"现实世界。

当提及VR、VR时，有时还会提到MR。再说下MR。

MR是mixed reality的缩写，直译中文为混合现实，包括增强现实和增强虚拟，指的是合并真实世界和虚拟世界而产生的新可视化环境，即重新绘制现实世界，再叠加虚拟信息，并且虚拟信息能够与重绘的现实世界进行交互。

与AR对比理解就清楚了，MR也像是幻视，并更进一步。

举个例子，现实世界里有个敞口纸箱，AR生成的虚拟"猫咪"要么悬浮在纸箱上，要么在纸箱前，纸箱遮不住"猫咪"，有些假。而MR生成的虚拟"猫咪"，能落在纸箱里，并被遮住部分身体，遮住的部分可以以轮廓或阴影的形式出现。此时，纸箱与"猫咪"实现了遮挡效果的互动，让人更加真假难辨，体验感也更强。

三者之间的区别与联系，看下图7-1就明白了。

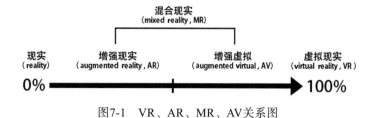

图7-1　VR、AR、MR、AV关系图

图中的百分比数值是对现实的虚拟程度，可以简单理解为从AR、MR到VR，其对现实的虚拟程度越来越高。

再举个例子，如果把现实看作纯净水，虚拟现实VR看作纯酒精，那么增强现实AR类似低度白酒，少量酒精掺到水里；而增强虚拟AV更像医用酒精，少量水掺到酒精里；无论是低度白酒还是医用酒精，都是水和酒精的混合溶液，即混合现实MR。

实质上，MR包含AR，AR只是MR的一种形式。为了描述方便，业界很多时候把AR当作MR的代名词，用AR代替MR，故MR很少被提及。本书后文提及的AR，也是如此，不再细作区分。

7.3　VR、AR的无穷妙用

喜欢吃糖是为了体验甜的感觉，热爱蹦极是为了体验失重的感觉，痴迷于玩"王者荣耀""吃鸡"是为了体验运筹帷幄或肆意砍杀的感觉，从键盘到触屏再到手柄，也是为了追求更多更好的体验感。VR、AR更是带来了革命性的体验，虽然计算机生成的信息是虚拟的，但是人们可以获得前所未有的真实感。因此，很多需求和欲望都可以通过

VR、AR来满足，其应用领域有很多。

1. 游戏娱乐

丰富的感觉能力与3D显示环境使得VR成为理想的视频游戏工具。尤其是第一人称视角的游戏，以及赛车、射击、动作冒险、角色扮演等偏重体验、视觉的游戏，若使用VR，会得到非常棒的游戏体验。比如经典游戏《古墓丽影》VR模式——《古墓丽影：崛起》就深受玩家的好评。全息感的环境渲染，身临其境般的恐怖气氛，能带给玩家以前面对PC时，得不到的紧张感和压迫感。

但其也存在一些问题。首先，VR游戏实现高特效时难以稳定在一个舒适的帧数，加之沉浸感较强，当帧数较低时，玩家就容易出现头晕恶心的感觉。其次，体验VR游戏，需要数据头盔、数据手套、位置跟踪器、动作捕捉系统等大量设备，以实现用户与虚拟场景的互动交互。由于设备昂贵，导致现阶段其难以被大规模推广。

相对而言，体验AR并不需要复杂设备，只需iPad或手机等简单设备。其在摄像头拍摄的画面基础上，结合虚拟画面进行展示和互动。比如日本任天堂推出的AR探索手游Pokemon Go、腾讯的同款手游《一起来捉妖》，都曾风靡一时，游戏中的人物、精灵等出现在你的周边，还能和你互动。另处，一些增强拍摄的相机App也比较流行，比如激萌相机，可以识别相机中的人物，给人像加上兔子耳朵、猫咪胡须、红脸蛋等，还能跟随人脸运动，这也是典型的AR应用。

2. 教育培训

VR最早的应用是军事训练，也是目前运用最成熟的领域。美军用

VR技术培训飞行员,在虚拟的飞机驾驶训练系统中,学员可以反复练习在雾霾、雷暴等各种极端天气下驾驶飞机起飞、降落,直至熟练掌握,并且无任何危险。

现在军用转民用,VR逐步推广到外科手术、竞技体育、汽车驾驶、电器维修等各种职业技能的训练中。首先,VR能为学生提供逼真的学习环境,如展示人体构造、模拟太空旅行、显示化合物分子结构等,比空洞抽象的理论说教更具说服力。其次,利用VR建立的虚拟实训环境,具有沉浸性和交互性的特点,可以根据实训需要,随时生成虚拟的"设备"和"部件"等,让学生快速进入角色,全身心地投入到技能训练中。比如,VR与医学培训相结合,虚拟手术场景,让学医者在1∶1还原的手术室里做手术,充分调动触觉、视觉、听觉等,更快速地学习成长。

3. 医疗辅助

VR可以创造出安全受控的虚拟环境,用以治疗极端的恐惧和焦虑症状等心理,比如恐高症和抑郁症等。这种VR疗法不但安全、高效、低成本,医生还可以与病人共同沉浸在VR世界中,通过与自身情况的对比,为病人对症下药。比如,2017年,浙江省戒毒所引入"虚拟现实毒瘾评估矫治系统",利用VR帮助吸毒者断绝"心瘾",降低对毒品的渴求度,治疗有效率近75%。

VR可以帮助医生更准确地了解患者体内病灶的具体位置,以及病灶可能造成的损害。比如在VR环境中,医生可以全方位近距离地观察脑部肿瘤,发现潜在并发症,为高风险手术做准备。2017年9月,伦敦皇家医院使用VR技术做了世界上第一例360 VR脑动脉瘤治疗。医生戴上GoPro VR,顺利完成了修复病人两个动脉瘤的神经外科手术。

4. 购物消费

VR能够生成可交互的三维购物环境，将突破时间和空间的限制，可实现世界各地的商场随便逛，各类商品随便试。比如你躺在自家床上，戴上VR眼镜，可以选择去逛杭州银泰，也可以选择去逛上海恒隆，或者东京新宿商场，你能够身临其境地挑选商品，并且任何商品都可现场体验，包括看房等。试想在VR环境里，你如同站在真实样板房内，可通过操控手柄自由"进入"卧室、书房、客厅等各个房间，感受空间、光线、昼夜、四季等变化，同时还能实时更换家居装饰，调整装修风格与家具配置，比较不同的装修效果。

5. 地理旅游

VR可以将三维地面模型、正射影像和城市街道、建筑物及市政设施的三维立体模型融合在一起，再现城市建筑及街区景观。游客在家里戴上VR眼镜，不仅宛如身处景点内，能够看到生动逼真的城市街道景观，还可以实现漫步、飞行等与虚拟环境的互动。

当然目前"VR+旅游"方面还不成熟，但类似的"VR+地理"已经可以满足数字城市技术由二维GIS向三维虚拟现实的可视化发展需要，为城建规划、社区服务、物业管理、消防安全、旅游交通等提供可视化空间地理信息服务。

目前，AR和VR的应用领域基本是重叠的。与VR相比，AR的成本更低，且容易实现。当然，AR也有一些独特优势，比如用在导航上，AR能通过手机摄像头，自动在马路上标记路线，并在前方虚拟出一只摇头晃脑内八字小跑的可爱"熊猫"，跟着"熊猫"走真实的路，非常直观。

现在，由于AR所需的设备相对简单，率先得到广泛应用。我们相信，在AR的铺路下，VR会走得更顺畅。未来，VR和AR等技术会融合在一起，展现给人们一个妙用无穷的，且与现实紧密结合的虚拟世界。

目前，制约VR发展的关键，不是技术，而是网速。当网速足够快，快到需要终端处理的数据可以实时传到云端处理，那么VR就可以像AR一样，只需要一副眼镜。

有人常把虚拟现实和"元宇宙"混为一谈，"元宇宙"会火，的确和近些年VR/AR技术风靡有密切关系。因为元宇宙作为数字宇宙，必然建立在数字技术基础上，VR/AR技术正是支撑元宇宙的核心技术之一。

但支撑起元宇宙的数字技术，还有芯片技术、网络通信技术、游戏技术(游戏引擎、游戏代码、多媒体资源）、云计算、人工智能、区块链等。一个真正的元宇宙产品也需要具备八大要素：身份、朋友、沉浸感、低延迟、多元化、随地、经济系统和文明。

因此，VR游戏虽然在某些方面可算作元宇宙的初级形态，但仍差之甚远。当然在不远的将来，元宇宙很可能以VR游戏为起点，逐步深入整合数字化娱乐、社交网络，甚至经济、社会活动，发展成为互联网的替代者。

5G时代即将来临，必将带来更快的网速。相信到时不只是VR、AR或元宇宙，数字技术的很多领域都会百花齐放，引爆一个又一个的热潮，给人们的生活带来翻天覆地的变化。

8
数字经济,爱她先要懂她

11月22日12时　天真家中　温好对众人说回国后的舒适生活

"国外的月亮真的不比国内圆。"温好在给一脸好奇的大彭讲述以前的国外生活,"我随父母在国外生活了十多年,感触颇深。现在回到国内,出门只要带上手机即可,支付宝、微信支付、云闪付很方便。国外出门要带现金或银行卡,基本没有扫码支付。国内买衣服,登录淘宝、京东或苏宁,两三天内快递到家。宅家点外卖,从炒菜、火锅到烤肉串,从川菜、粤菜到江浙菜,各种美食应有尽有,24小时不打烊。国内的水、电、燃气等生活费,可以通过手机缴纳,非常方便。回国前,电费要拿邮寄的账单到便利店支付,水费和燃气费要等工作人员到场后用现金支付。在国内,只要一部手机,既能足不出户地办妥很多事,也能从天南玩到海北。"

"你享受的这些便利,基本都是中国的数字经济发展所带来的。"天真笑着说道。

8 数字经济，爱她先要懂她

8 数字经济，爱她先要懂她

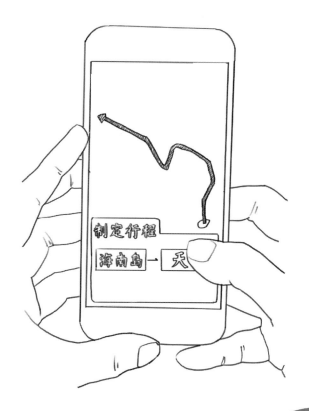

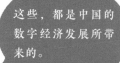

这些，都是中国的数字经济发展所带来的。

8.1 数字经济的内涵

简单来说,**数字经济,就是基于数字技术的经济。**

数字经济是一个内涵十分宽泛的概念,众说纷纭,但我们可以通过选取三个比较有代表性的定义来进行深入的理解。

第一个定义,来自赛迪顾问:数字经济,是以数字技术为重要内容的一系列经济活动的总和,这些活动既包含数字化要素催生的一系列新技术、新产品、新模式、新业态,也包括数字化要素与传统产业深度融合带来的经济增长。

可见,**数字经济的核心就是:数字技术加经济活动。**

(1) 数字技术中最重要的、最前沿的,就是前面说的大数据、云计算、人工智能、物联网、移动互联网、区块链和虚拟现实/增强现实。

(2) 经济活动是指包括产品的生产、分配、交换或消费等活动。商业是经济的一部分。

正是数字技术的广泛使用,给传统的经济活动带来了巨大变革,催生了数字经济。我们如果不懂数字技术,就难以很好地参与到数字经济中来。

举个例子,像一盘水果,到楼下水果店用现金买是传统经济,在手机App上买就是数字经济。

第二个定义,来自经济学理论:数字经济,是人类通过大数据(数字化的知识与信息)的识别、选择、过滤、存储、使用,引导、实现资源的快速优化配置与再生,实现经济高质量发展的经济形态。

简而言之,经济活动中一切信息的存储和流动都以数字的方式进行。比如以前想和村里的姑娘小芳联系，要靠手写信件，现在只要一条微信，成本和效率不言而喻。

第三个定义，目前得到最广泛认可，来自《G20数字经济发展与合作倡议》。

数字经济，是指以使用数字化的知识和信息作为关键生产要素、以现代信息网络作为重要载体、以信息通信技术的有效使用作为效率提升和经济结构优化的重要推动力的一系列经济活动。

通过该定义，我们了解数字经济的内容具体如下。

(1) 关键生产要素：数字化的知识和信息。数字经济时代是农业经济、工业经济之后的一种新的经济社会发展形态，农业经济的基础要素是土地，工业经济的基础要素是机器，而数字经济的基础要素就是数字化的知识和信息，或者是大数据。

(2) 重要载体：现代信息网络。这个网络不仅是传递数据信息的信息互联网，还是在区块链技术支持下，无须借助第三方中介机构，就可以传递价值的价值互联网。

(3) 核心推动力：信息通信技术。其主要是大数据、云计算、人工智能、物联网、移动互联网、区块链技术和虚拟现实/增强现实等数字技术。

(4) 目标使命：通过提升效率、通过优化经济结构去推动一系列经济活动。这些经济活动可以诞生新型经济形态，促进数据要素有效参与价值创造和分配，重构经济发展和政府治理模式，保障高质量的社会发展。

8.2 村花翠花养鸡的故事

很多人觉得农业经济、工业经济都是实实在在的,而数字经济似乎是看不见摸不着的,是比较虚幻的;也有的人觉得数字就是虚拟,数字经济就是虚拟经济。其实不然,**数字经济不是虚拟经济,并且正和传统实体经济深度融合,进而提升实体经济的发展韧性与创新能力,助推实体经济发展壮大。**

我们举一个例子。

假设在你的村里,翠花靠养鸡生活。

以前村民想买鸡蛋,就要跑到翠花家喊:"翠花,鸡蛋有吗?多少钱?"这确实比较麻烦。后来,有了电话,村民不仅能电话订购,还能和外村的养鸡户比价,方便多了。这就是信息传递方式的改变带来的好处。翠花每天要接很多咨询电话,甚至大部分电话是外村村民打来的,业务多得应接不暇。

再后来,有了互联网,翠花就做了个网站,把信息发布到网上。这些信息包括今日供应鸡蛋数量、价格、样蛋图片等,并提供在线下单支付。大家不用再打电话,上网一看就清楚了。由于订单太多,翠花没有那么多精力送货,于是专门跑腿送货的快递小哥就登场了。电商产生了,数字经济应运而生。这是数字经济1.0阶段,主要技术是互联网技术。

接下来翠花要考虑是否该扩大产能了。以前,翠花只能记录每年的总数,根据历年平均值大概估计要养多少鸡,很不准确。如今,随着电商业务数字化,每一笔交易都会被详细记录。当然,除了这些数据,翠花还要考虑其他信息，比如：7月，很多村民家里集中结婚办酒席；8月，村民会办高考后的谢师宴；村民的生日多集中在9月，会购买大量鸡蛋，同时，村里有家蛋糕店，做蛋糕会用很多鸡蛋；猪肉价格暴涨，人们可能多买鸡蛋替代；专家说多吃鸡蛋可以在新冠肺炎疫情期间增强抵抗力；村民甲喜欢深色鸡蛋壳的鸡蛋，一次会囤半个月的用量；村民乙喜欢浅色鸡蛋壳的鸡蛋，买一次吃三天……

因此，翠花不但要知道需要生产多少，还要精准预测出每个时间段的需求量，最好能够在每个村民家中鸡蛋刚好吃完或正需要大量采购时，以合适的预期价格送货上门。由于涉及大量的数据记录、分析和预测工作，就需要新一代的数字技术来实现，于是大数据、云计算、人工智能等纷纷现身。

不仅在消费流通环节，翠花在生产环节也可以利用数字技术大展拳脚。建起的新鸡舍，安装有无线温湿度传感器、二氧化碳浓度传感器、噪声传感器等，自动调控温度、湿度、光照等条件。随时随地打开电脑或手机，就可以查询任意一只有编号的鸡，并且明确显示它的性别、体重、吃的何种饲料、每小时进食量等。自由放养的每只鸡都佩戴脚环，用于记录每天的啼叫、鸡间争斗次数以及步数，一旦有异常情况发生，就可以及时处理。以前人工喂养时，1人养5000只鸡是上限。现在"日理万鸡"很轻松，依靠的是物联网、移动互联网和人工智能的技术。这就是数字经济2.0时代。

考虑到消费者心理及社会流行的营养健康等问题，翠花还利用区块链技术，对每只鸡进行信息录入，详细记录鸡的年龄、成长记录、每天步数、活动范围、喂养饲料、冷链运输等。每只鸡都有一个属于它自己的不可复制的身份证，提前认购的消费者可以通过查询身份证识别身份，了解鸡的一生，避免买到速成鸡。

这样的鸡和鸡蛋，会不会价格很贵，普通人吃不起呢？

实际上，这种鸡的价格并没有贵多少。2016年京东推出"跑步鸡"，价格相对贵一些，主要贵在饲料上，但并非贵得离谱。随着技术的发展，其成本也会逐渐下降，直到低于传统养鸡，完全被我们接受。就像手机、电脑等曾经的奢侈品，现在早已普及。

数字经济不是虚拟经济，而是用数字技术这个新工具影响和改变传统的实体经济，进化出新的经济形态。原先经济活动中的一切信息，现在以数字的方式进行生产、存储、流动、处理等。

当然，数字经济也可能是一个阶段性的概念，最初叫作互联网经济，"互联网+"特别流行，如：互联网+零售=淘宝、天猫、京东；互联网+通信=QQ；互联网+KTV=唱吧；互联网+美食=大众点评；互联网+相亲=世纪佳缘、珍爱网；互联网+银行=网银。后来，出现了移动互联网，如：移动互联网+通信=微信、钉钉；移动互联网+美食=美团、饿了么；移动互联网+金融=支付宝；移动互联网+汽车=滴滴等。但现在，互联网衍生出了更多的新技术，比如大数据、云计算、人工智能、区块链等，它们都成为数字经济的一部分，目标是让互联网化后的世界更加智能、智慧化，所以又兴起了"云+""人工智能+""区块链+"等。

随着人工智能等的发展，数字经济可能会逐渐成为智能经济。无论叫作互联网经济，还是数字经济或智能经济，都不抽象，其已经或即将渗透进我们生活的各个角落。

8.3 中国的数字经济和新基建

《中国互联网发展报告2020》显示，2019年我国数字经济增加值规模已达35.8万亿元，占GDP的比重为36.2%。以线上教育、互联网医疗、直播电商、远程办公等一系列新业态新模式为代表的数字经济发展强劲，格外抢眼，成为中国经济复苏的新动能。中国信息通信研究院数字经济研究部主任孙克说，"数字经济已经成为中国经济增长的核心动力。疫情期间，数字经济对我国整个经济的贡献有可能超过7成。"根据中国(深圳)综合开发研究院技术团队预测，2020—2025年期间，中国数字经济年均增速将保持在15%左右，并且数字经济规模在2025年有望突破80万亿元，相当于2019年日德英三国GDP之和，届时占中国GDP的比重将达到55%。不久前召开的中央经济工作会议强调着力推动高质量发展，明确指出要大力发展数字经济。

数字经济在宏观层面，对推动经济发展具有重要意义，具体如下。

(1) 以科技创新为支点的数字经济，成为推进经济高质量发展的关键引擎。中国旧的经济发展模式遇到了瓶颈，主要表现为初级生产要素驱动型增长阶段的结束。改革开放40年，经济获得了突飞猛进的发展。凭借低廉的劳动力、便宜的资本、丰富的土地等优势要素，中国迅速成为世界工厂，成为世界第二大经济体。如今，人口老龄化、人力资源和土地成本大幅提高，导致中国生产的商品在全球的竞争力逐步下滑，过去的"劳动力红利"等逐渐成为负债。但是，随着数字经济时代的到来，数据的生产要素功能和"红利"释放能力将更强、更全面、更充满潜力和活力。

(2) 数字经济的发展能促进高端技术的创新发展，破解"卡脖子"难题。 当前，中国在很多技术领域受制于人，尤其高端芯片、高端元器件等精尖技术被"卡了脖子"。而这些产业处于数字经济的上游，由国际巨头牢牢把控，国产产品大部分属于劣势。因此，想要弯道超车，中国必须发展出更多的数字经济应用，为科技上游产业的发展提供丰富的应用场景，以带动上游国产芯片、元器件等产业的创新和成熟。

以去IOE化为例，IOE是IBM的小型机、Oracle数据库、EMC存储设备的缩写。在过去很长的一段时间里，政府、大企业的数据存储计算设备基本被IOE垄断，也就意味着系统很容易被主机和硬件厂商所"绑架"。而美国的知名科技公司是与美国政府、军队保持紧密合作的，"棱镜门"事件的发生，更证明了数据安全问题的严峻性。于是，阿里巴巴在2008年提出去IOE，经过多年努力，阿里巴巴的IT架构已经于2013年彻底完成了去IOE化工作，靠的就是云计算技术。

中国遗憾地错过了第一次和第二次产业革命。在第三次产业革命中，中国虽然只赶上了末班车，却取得了喜人的成绩，成为世界第二大经济体。而今天，面对以数字技术为代表的第四次产业革命，我们不仅要积极地参与其中，更要努力成为领跑者，这是我们的国家实力弯道超车的大好机会。近些年，从中央到地方，各级政府的报告和规划都会提到数字经济，并将其提升到一个新高度。提法有差别，比如互联网+、AI+、大数据、科技赋能实体经济、智慧城市等，但目标都很明确，就是大力发展数字经济。

数字经济是经济高质量发展的核心，"新基建"是数字经济的基础保障。 我国大力发展"新基建"的意义就在于此。

以前，政府发展基建，主要工作为修建公路桥梁、开通高铁、规划产业园等，即在传统经济环境里，为了服务百姓和提升营商环境，搭建实体基础设施。在数字经济时代，为了推动数字经济发展，政府扮演的是同一个角色，只是基础设施变成了虚拟的数字基础设施，比如建设5G基站、大数据中心等。只有把这些基础设施建好，才能真正地为数字经济的崛起提供良好的营商环境。

"新基建"主要包括七大领域：5G基站建设、特高压、城际高速铁路和城市轨道交通、新能源汽车充电桩、大数据中心、人工智能以及工业互联网。狭义"新基建"指数字基础设施，包括5G基站建设、大数据中心、人工智能、工业互联网等。而广义"新基建"指融合基础设施，包括特高压、新能源汽车充电桩、城际高速铁路和城市轨道交通，以及交通、水利重大工程等。也就是要利用新一代信息技术对包括能源、交通、城市、水利在内的传统基础设施进行数字化改造，进而形成融合基础设施，例如智慧能源基础设施、智慧交通基础设施、智慧城市基础设施、智慧水利基础设施等。作为广义"新基建"，不仅服务于智慧产业(智慧农业、智慧制造业、智慧服务业)、智慧企业、智慧政府的发展，还服务于智慧能源、智慧交通、智慧城市、智慧水利的发展；不仅服务于供给端生产方式革命，还服务于需求端生活方式革命，进而推动中国社会全面进入数字经济时代。

9

"岂曰无衣?与子同袍"的共享经济

11月22日13时　天真家中　在阳台接完电话的胖子回到客厅

"天真，有个朋友刚电话里拉我入伙，一起投资做共享干衣架，投放在酒店，能够帮助千万商务及旅游人士解决酒店洗衣干衣的烦恼，还说会是共享经济的下一个风口。"胖子迫不及待地问道。

"那可不算是共享经济。照这样说的话，早在两千多年前，东汉开国皇帝刘秀就曾做过'共享单驴'的生意。《东观汉记》曰：(刘秀)受《尚书》于中大夫庐江许子威。资用乏，与同舍生韩子合钱买驴，令从者僦，以给诸公费。句子大意是手头缺钱，便和同窗好友韩生凑钱合伙买了一批驴，租给一起就读太学的同学们作代步之用。其中的'僦'字，就是租赁的意思。

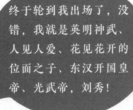

其实像共享单车、共享充电宝、共享雨伞等这些被炒作起来的概念名词,本质上都不是共享经济,而是租赁经济。而优步、滴滴打车这种才是共享经济的代表。"

胖子又问:"那共享经济是怎样一回事呢?"

9.1 共享经济的真面目

先从共享经济的定义说起。

共享经济，是指通过协作、使用、分享，而非拥有的方式，最大限度地利用冗余资源来组织生产和消费。

共享经济的目的是对冗余资源进行协作使用，其商业基础是适度回报。

它的两个必备条件是冗余资源和适度回报。

换句话说，共享经济就是将你闲置的资源共享给别人，提高资源利用率，并从中获得回报。

说到底，共享经济是为了实现资源的更合理配置，具有两个特征：①资源是私有的；②资源让渡行为是短期的而非长期的。

举个例子，你有一辆车，天天开着上班，恰好有一位邻居，他的单位就在你公司附近，于是你经常顺带他一程。如果他没有给你任何回报，那么就是单纯的邻里帮助；如果他给你钱了，或者给你油卡等有价值的物品作为回报，那么就是共享经济了。这里满足了两个必备条件：你的车上有空位，在让对方乘坐时获得了回报。

9.2 共享单车为什么不是共享经济

为什么共享单车不属于共享经济，而属于租赁经济？两者区别很明显，具体如下。

(1) 资源利用不同。共享经济是盘活闲置资源，有偿与他人分享，从而提升资源利用率。共享单车的无序投放造成资源的极大浪费。仅2017年，共享单车投放总量将近2 000万辆，报废后产生近30万吨废金属，相当于5艘航空母舰结构钢的重量。

(2) 业务流程不同。共享经济的业务流程是C2C的，即用户对用户，这才符合共享精神。而租赁经济大都是B2C模式的，即企业对用户，比如摩拜单车、小鸣单车、小蓝单车等公司直接出让单车的使用权给用户，谈不上共享。

(3) 资产归属不同。滴滴平台只是车主和用户的联系平台，用以促成交易，并不占有任何车辆，也不承担后期的维护费用，边际成本几乎为零。而反观共享单车，所有单车均由平台前期购置。比如摩拜单车，在全国各地投放超过360万辆单车，加上线下运维、车辆维修等费用，成本高得惊人。

总之，共享单车、共享充电宝等是租赁经济。其收取押金和使用费的方式，在本质上与我们逛西湖时租个自行车骑并无区别。明明是租赁的生意，却包装成共享经济，大概是为了炒作概念，提高估值，吸引投资。当然，滴滴现在有了很多专职司机，从资源冗余角度看，也不再属于纯粹的共享经济了。

9.3 数字技术是共享经济的背后"大佬"

共享经济其实并不是一个新事物，现在为什么能热起来呢？这主要得益于数字技术的发展。

(1) 共享经济的共享，本质上是弱化所有权，强化使用权。 在这种情况下，我们不需要拥有某种东西，只要在需要的时候能拿来用即可。这与互联网本身倡导的共享理念是一致的，所以像互联网一代的"90后""00后"，对私有观念更淡薄，更倾向于共同使用。

(2) 互联网的普及在一定程度上解决了信息的不对称，使得人与资源之间的连接更加透明，闲散资源触手可及。 另外，移动支付的普及让交易变得非常便捷，也使"共享"更加易行。

(3) 物联网让物品可以被实时监测追踪，运用区块链技术进一步解决信任问题。

总之，数字技术不是共享经济的必备条件，却是共享经济大规模发展的极为重要的条件。

在数字技术日新月异、数字经济飞速发展的背景下，可以预见共享经济会有一个光明美好的未来。但比起国外共享经济(如Uber和Airbnb)发展得如火如荼，中国共享经济热潮显得不那么真实。从O2O到共享经济，在险象丛生的中国市场，似乎一切新兴模式都离不开"烧钱"二字。初次创业者不要把心思放在共享经济的项目上。没有大资本的创业者，也不要对共享经济有太大的想法。对于自己不熟悉的行业，朋友再靠谱，在投资时也要十分慎重。

10

"斜杠青年"的零工经济

11月22日14时　天真家中　大彭给天真看他的手机

"真哥,这个斜杠青年是什么职业?"大彭递过手机,屏幕上是一位女孩的自我简介,职业一栏填写的是斜杠青年。

"斜杠青年是拥有多重职业和多重身份的一类人群的统称。"天真说。

[宋徽宗赵佶,书画造诣极高,自创"瘦金体",将北宋的院体花鸟画推向花鸟画史的历史最高峰。但是,他在政治上昏庸无能,重用奸臣。后来,北宋亡国,他被金兵所掳。]

"比如,这位女孩工作时是一名记者,休息时是一位笔耕不辍的作家,周末还能'变身'摄影师,帮别人拍婚纱写真等。那么,她就相当于从事了记者/作家/摄影师三个职业。在做自我介绍时,会将多职业用斜杠来间隔,'斜杠青年'就成了其代名词。

'斜杠青年',一般会在多个领域有多项特长,所以能够从事多重职业。有的'斜杠青年',在主业之外,还有一个或多个兼职,而有的'斜杠青年'是自由职业者。

还有一个经常和'斜杠青年'一起出现的新名词:'U盘化生存'。这是罗振宇提出来供'80后'朋友参考的第一个生存困境解决方案,概括一下就是:自带信息,不装系统,随时插拔,自由协作。他认为,未来每个人都应该做一个U盘,可以自由地接入组织的接口。"

"这听上去很诱人啊,我也想做个'斜杠青年'。我比较擅长做菜,又喜欢电竞,还能跑个滴滴。五星厨神/荣耀王者/秋名山车神……真酷!""00后"的大彭想法不一般。

"想法很好,也要慎重考虑哦,'斜杠青年'可没那么好做。要知道,当年的宋徽宗和明熹宗朱由校也想做个'斜杠青年'。

'斜杠青年''U盘化生存'等成为热词的背后,其实是零工经济的逐渐兴起。"天真认真地说。

"零工经济就是打零工?"

"两者并不同。"

10.1 从过去的"星期日工程师"说起

零工经济的定义是指由工作量不多的自由职业者构成的经济领域,利用互联网和移动技术快速匹配供需方,主要包括群体工作和经应用程序接洽的按需工作两种形式。

这个定义过于学术化,下面我们对其做一个简单的阐述。

零工经济，本质上是一种短期工作形式，每个人利用自己的空余时间，帮助别人解决问题，从而获取报酬；同时，有一些企业为了节约成本，选择弹性的用工方式，让自己的人力成本变得更精益，但是要区别于"打零工"。

因为这里的"零工"，不同于过去我们所说的"临时工"，做一些跑腿打杂的工作。零工经济的特点和优势在于，参与者在各自专业领域的专业及专注度甚至要高于一般企业从业人员。其已经变成个人利用自己的时间和技能交换金钱的便捷方式，符合新型雇主关系。

大家有没有听说过"星期日工程师"？20世纪70年代末至80年代中期，苏南的乡镇企业刚刚起步，缺乏熟练使用、维修生产设备的技术人员。怎么办呢？这些企业就会通过一些关系渠道，从上海、南京、苏州等城市的工厂和科研机构聘请工程师、技术顾问等，来帮助解决技术难题。这些利用周日从大城市到乡镇企业去攻坚克难的技术人才，便被称为"星期日工程师"。这也是中国早期的零工经济，但由于当时思想观念保守和信息技术不发达，零工经济没有得到大规模发展。

10.2　数字技术让零工经济东山再起

随着互联网的普及和信息技术的发展，零工经济重新兴起。

早期是互联网扮演劳动者和企业之间"撮合者"角色。企业通过招聘类网站，发布兼职、短期用工等信息，从而招募合适的求职者。我们可以将其看作**零工经济1.0**。

现在，基于大数据、移动互联网、云计算等数字技术，一些企业内部的各个工作单元可以实现跨地区的协作或外包，生产方式和工作模式发生了巨大的变化。远程办公、居家办公和移动办公等模式大量涌现，威客、斜杠青年、U盘化生存、新个体户等大量自由职业者群体和工作方式出现，我们可以将其看作**零工经济2.0**。

据阿里研究院报告显示，到2036年中国可能有多达4亿人属于零工经济的自由职业者。麦肯锡全球研究院2016年的研究称，在美国大概有5400万到6800万人通过自主工作和临时工作获得一定的收入，同期美国只有1亿多适合工作的人口。

零工经济的快速发展，给经济和商业模式注入了巨大的活力，大大改变了经济资源的配置方式和效率，也通过提供岗位、增加收入和改变生活状态等途径，产生了较大的社会效应。

(1) 零工经济实现了较大的社会效益，即解决和吸纳就业。有人指出，自由职业已成为就业、创业之外的第三条职业道路。

(2) 零工经济在提供工作机会的同时，也为劳动者增加了一份收入。

像猪八戒、时间财富网、任务中国、一品威客、智城、创易网、中国悬赏写手、三打哈、微发动、微推推、略晓网等威客或兼职平台，能根据用户地理位置、背景资料、技能特长、历史订单等进行大数据分析，通过智能匹配推送最适合的用工岗位。从相对低端的家政保姆、美容美甲、模特，到专业一些的法律咨询、翻译、文案、策划、设计、代码编程等。每个人都能找到用武之地，利用业余时间获取更多的收入。

11
"乱花渐欲迷人眼"的注意力经济

11月22日15时　天真家中　大彭在刷抖音

"真哥，听说抖音网红主播轻松月入十万，是真的吗？"少年心性的大彭被抖音短视频逗得前仰后合后，又认真问道。

像演员里的一线明星一样，极少数网红月入十万。我先给你说说网红经济吧！

真哥，听说抖音网红主播轻松月入十万，是真的吗？

网　红

"有些网红主播是会月入十万、百万，甚或更多，但应该只是很小一部分。就像演员里的明星一样，有一线明星、二线……十八线，还有群演。一二线明星年收入过亿，但绝大多数普通演员收入并不高。你说的网红主播，粉丝量有5万、10万，还是更多？靠粉丝打赏，还是直播带货？这都有很大的差别。其次，现在大多数网红主播能火起来，背后都有专业团队包装培训推广，收益要被运营公司拿去大半，平台也要分去一部分，最后到自己手里的并不多。有些看似粉丝不算多的野生小网红拿到手的可能更多。但无论哪种情况，能月入十万的主播还是极少的。

你是被李佳琦23岁月入3000元，28岁时却年入2亿的财富故事吸引了吧？"

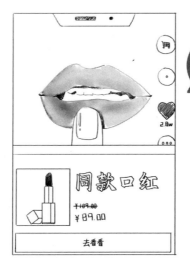

"嗯嗯!"大彭连连点头。

"那我先来说说网红经济吧。"天真循循善诱道。

11.1 网红经济、粉丝经济、懒人经济等

网红经济是数字经济时代的一种经济现象，具体是以网络红人的品位和眼光为主导，进行选款和视觉推广，依托庞大的粉丝群体进行定向营销，从而将粉丝转化为购买力的过程。

所以，**网红经济是粉丝经济的一种**。

从本质上讲，**粉丝经济、社群经济、美女经济、无聊经济、懒人经济等都属于注意力经济的范畴**。像直播、短视频、微博爆料、蹭热度、网红等，几乎都是注意力经济的产物。

那么什么是注意力经济呢？先看一下定义：

注意力经济，又被形象地称作"眼球经济"，是指企业最大限度地吸引用户或消费者的注意力，通过培养潜在的消费群体，以期获得最大的未来商业利益的一种特殊的经济模式。

注意力经济为什么会出现呢？

11.2 眼球经济，醉翁之意不在酒

在知识爆炸的后信息社会，注意力资源已经成为十分稀缺的经济资源。当社会进入数字时代，信息极大丰富，甚至泛滥，相对于过剩的信息，人们的注意力就变得稀缺，并成了一种资源。2011年，阿玛蒂亚森经济学奖得主陈云博士说："未来30年谁把握了注意力，谁将掌控未来的财富。"

举个例子，20世纪七八十年代时，想买件衣服，到村镇集市上转转，就那么几种款式，没什么可挑选的。让你决定购买与否的，是口袋里的钞票。到了20世纪90年代，从电视、报纸等媒介知道了一些衣服品牌，也开始在周润发、刘德华等明星的代言下，对衣服款式等有所取舍选择，但选择范围仍然十分有限。进入互联网时代后，电商兴起，打开淘宝、天猫、京东等，上面有海量的衣服，各种关于品牌、款式等的信息近乎无限，人们有限的注意力很容易迷失在无限的信息海洋里。在这种情况下，并非人们存在选择困难，而是其压根就没注意到这些信息，因为这些信息始终没有出现在其选择范围内。

此时，大众的注意力就成了最重要的资源。对商家来说，只有让人们注意到自己的产品，其才有可能成为消费者。于是，大众的注意力就成了商家争夺的稀缺资源，对公众注意力的争夺便成为一种经济形态，注意力经济由此产生。信息过载导致注意力的经济化，这符合"新的短缺产生新的经济"的经济学规律。

那么，怎样吸引大众的注意力呢？

抖音上搞怪的小哥哥秀了一出好戏，美丽的小姐姐跳了一曲热舞，难道这些只是为了逗你开心吗？我们的注意力是不是随之到了他们身上？

同理，明星为什么要炒热度，自媒体为什么偏爱"语不惊人死不休"，为什么有那么多"标题党"？这就不用多做解释了吧！

我还想说一下影响力经济。影响力经济是注意力经济发展的产物，是注意力经济升华的结果。也就是先以注意力吸引来受众，再以影响力实现供求互动，使购买行为变为现实。注意力经济相当于网红发广告链接，引来大家的注意力；而影响力经济则有点像网红直播带货，推荐下单，直接影响大家的购买决定。

11.3 玩转抖音，从"青铜"到"王者"

虽然"网红经济"不会成为主流的商业模式，但其门槛相对较低，对草根创业者非常有吸引力。如果想在这个领域有所发展，且没有公司培训包装，就需要认真学习前人的经验和技巧。下面我列出几条，供大家参考。

(1) 结合自身特长和爱好。术业有专攻，每个细分领域都有很多机会。应找到最适合发挥自己特长的领域，及时了解抖音的行业风向，尽量避开红海，开拓蓝海，从而获得更多的播放量。

(2) 善于揣摩粉丝心理。学习消费者心理学等，能通过对数据的总结分析，知道粉丝喜欢什么，最想了解什么，对什么最感兴趣，什么样的视频能引起关注，更容易被点赞，找到最个性化的爆点，有针对性地制作高质量的内容。

(3) 掌握视频剪辑技巧。要学会剪辑视频，因为再好的内容也需要精心包装。应做到，大家在看视频的第一眼时，就能看到你想要表达的亮点，感觉你的视频优于其他视频。这需要你在标题、封面、背景音乐的选择等方面讲究技巧，下足功夫。

(4) 熟悉抖音推荐机制。抖音的内容推荐机制十分成熟，通过用户停留时间、用户跳失率、点赞数、评论数、转发数、清晰度、流行度、完播率、复播率、有无违规记录等算法元素，计算推荐权重，进行内容推荐。

(5) 熟练掌握实用软件。工欲善其事，必先利其器。若能熟练运用一些软件工具，则可以起到事半功倍的效果，比如AE、PR、Maya、Videoleap、Camtasia、快剪辑、美册等视频剪辑软件，以及抖音去水印软件、自动查抖音违规词软件等。同时，要多关注一些内容服务平台。比如，新媒体领域非常有权威的新榜，通过采集海量抖音数据进行排行，能告诉我们谁最火，什么内容最火；还有飞瓜数据，可以为我们提供抖音的热门音乐、话题、视频等素材，极大地节省找素材的时间。

(6) 掌握引流变现技巧。做抖音前，一定要想好自己的变现模式，无论是引流到个人微信号，卖自己的产品服务，还是开通商店橱窗实现变现，都需要一定的技巧。

作为抖音小白，能做到以上几点，就已不再是"青铜"，可以在初期避免很多不必要的错误。但是，要想成为"王者"，还需要不断学习，当然，除了坚持，也要靠一些运气。

12
"独乐乐不如众乐乐"的平台经济

11月22日16时　天真家中　刚理了平头的大彭问天真

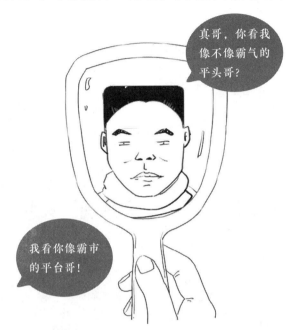

12.1 数字技术来"搭台"

先从平台的定义说起。

平台是一种虚拟或真实的交易场所,本身不生产产品,通过促成双方或多方供求之间的交易,收取恰当的费用或赚取差价而获得收益。其交易的不仅是物品,也可能是信息、知识等虚拟内容。

所以严格来说,平台经济不是新名词,也不是一种完全崭新的商业模式。传统的集贸市场、购物中心、中介公司、银行证券等所扮演的角色,都属于平台经济。但传统平台的经济活动易受地域、时间、交易规模、信息沟通等条件的限制,发展一直受到制约。

举个例子,商场有卖衣服的、买衣服的,大家都去买卖,商场就是一个平台,这属于**传统平台经济**。但是,我们想买衣服,必须要跑到商场。商场有营业时间,不营业时想买怎么办?这在以前,只能做罢。在数字经济时代，商场"搬"到了网上，比如淘宝、京东等，好处是随时随地，不受时间和空间的制约，而且商品种类更加丰富。这就是**互联网平台经济**。

我们现在说的平台经济，主要是指互联网平台经济，是用数字技术"搭"的台。

平台经济，是一种基于数字技术，由数据驱动、平台支撑、网络协同的经济活动单元所构成的新经济系统，是基于数字平台的各种经济关系的总称。

上述定义强调了数字技术，正是随着数字技术的普及，平台经济在数字时代获得了全新的规模、内涵和影响力。互联网的普及，为资源汇聚和分享奠定了基础；移动互联网和手机App的兴起，为平台的发展创造了良好的条件，各种互联网应用平台开始纷纷涌现。

举个例子，天猫、京东达成了卖家和买家的交易，是电商平台；微信和QQ连接了用户间的相互沟通，是社交平台；车主和乘客通过滴滴建立联系，促成交易；还有外卖平台(饿了么、美团)、信息知识平台(豆瓣、知乎)等，都是平台经济的典型表现。国际上的谷歌、苹果、亚马逊等，国内的阿里巴巴、腾讯、百度、京东、字节跳动等，均采用了平台运营模式。

12.2 平台时代的到来

互联网平台的发展大致可分为三个阶段，即电商平台、行业平台、平台经济。

在第一阶段，**电商平台率先崛起**。电商平台直接面向终端消费者，缩短了生产者和消费者之间的距离，减少了中间环节，让消费者可以购买到更廉价的商品。消费者可以通过线上与更多商家直接沟通交流，打破信息不对称的局面。

在第二阶段，随着互联网与产业融合加深，平台运营模式越来越多样化，对资源的组织能力的要求也越来越高，**平台的产业领域向多元化发展，出现了一些行业平台**，如专车、外卖、众包等诸多基于互联网平台的新产业领域。

在第三阶段，随着平台在产业领域发展得越来越深广，其对产业和产业组织变革的影响力越来越大，越来越多的传统企业开始进行数字化转型，线下交易纷纷转向线上，**平台逐步由一种商业现象发展为一种经济形态**。例如，阿里巴巴作为市值最高的零售商，却没有库存；微信是最大的内容生产商，本身却不是内容的创作者，用户才是。

中国经济增长正处在新旧动能转换时期，并且步入了创新资源全球化阶段。"互联网+"改变了传统的产业链组织方式，正在以平台为核心重组产业生态。

举个例子，去看病，有的医院会"排队三小时，看病五分钟"，而有的医院相对空闲。我们可以搭建一个网上平台，让患者和医院的医生都到这个平台。患者在平台上找医生，哪个医生有空就接诊，直接在线交流沟通，这叫作远程医疗平台。

这就是对原来传统的产业链进行解构，然后围绕平台，重新塑造出一个新的生态圈。这样消除了供求关系之间的信息不对称，使得供求关系良好匹配，合理配置资源。

在未来，随着高端芯片、量子芯片、人工智能、物联网、工业互联网、5G、AR/VR、区块链等技术的发展，平台经济将会延伸至更多领域，并向传统经济加速渗透。线上线下融为一体，推动商业模式、经济形态和人们消费习惯彻底改变，将使整个经济的微观基础发生变化。

平台时代，已经到来。

12.3 "搭台"不能"霸台"

据商务部统计，中国电子商务交易规模从2010年4.55万亿增长到2020年的35万亿。自2013年起，中国已经连续7年成为全球第一大网络零售国。在相应的扶持性政策框架到位的条件下，预计2030年中国平台经济规模将突破100万亿。

平台经济运用数字技术的创新成果，在推动经济发展、提高社会生产效率等方面发挥了巨大的作用，在衣食住行、文化娱乐等方面重新塑造了我们的生活。

同时，我们需要清醒地认识到，近些年来，平台经济领域先后出现了一系列不正当竞争行为，对经济运行乃至社会稳定造成了不良影响。例如，共享单车平台挪用押金、P2P网贷平台频繁爆雷等。

其中最为突出的问题是滥用市场支配地位进行不当竞争。由于互联网平台达成规模经济的边际成本相对其他行业更低，加上其基于行业的创新基因及大数据等，互联网平台更容易形成"赢家通吃"的局面。目前来看，中国头部互联网公司垄断倾向较为明显。第三方数据显示，在搜索领域，百度搜索占中国搜索领域的份额达76.6%；在社交领域，微信月活跃用户数已达11亿；在电商领域，天猫的份额达61.8%。

为了保障平台经济高质量发展，国家有必要加强对平台经济领域的监管。所以，从2021年2月7日颁布实施的《关于平台经济领域的反垄断指南》到同年5月1日起施行的《网络交易监督管理办法》，监管部门密集出台规定，明确互联网交易平台规则，强化对垄断协议和滥用市场支配地位行为的事后规范，将更多的互联网平台企业专属行为和指标纳入监管范围。这意味着，我国互联网平台企业自由放任、野蛮生长的阶段已经过去，新的阶段正在开启。

中国平台经济未来的发展将更加健康有序：一是监管更完善，更加兼顾公平。一旦平台自身出现不正当竞争行为，监管就必须有所作为，及时规范，严厉处罚。例如，有的大平台利用资本优势，通过不合理的过度补贴手段抢占用户，挤压小微经营者生存空间等。二是互联网平台企业在"长大之后"，有责任协助政府在维护物价稳定、保护消费者权益、打击逃税漏税、保护数据隐私等领域，履行理应承担的公共义务。

相信在良好规范的护航之下，中国的平台经济一定会有更大的发展，也一定能释放更强的生命力和国际竞争力。

13
维护数字主权，警惕数字霸权

13.1 维护数字主权

数字主权的概念最早由欧盟提出，目前尚未在国际社会达成共识。一般认为，**数字主权是国家主权在数字领域的自然延伸，包括一国对其境内数字基础设施以及所有重要数据的掌控，也包括相关数字知识产权与核心算法，还有与其社会生产生活相匹配的监管模式。**但对于数字主权，全球尚无统一的界定标准和数字治理制度。

数字主权必然包含数据主权。以数据主权为例，在数字经济时代，数据不仅成为新的生产要素，也成为基础性的战略资源。现在通过大数据和人工智能等数字技术，完全可以从海量数据中挖掘出蕴藏的社会动态、经济变化、科技发展、民生民意、军事行动和国家安全威胁征兆等重要情报信息。简单来说，数据与煤炭、石油、稀土等矿产资源一样重要，甚至犹有过之，那么数据主权就相当于国家对自然资源的所有权。

数字边疆的重要性越发凸显。数字技术在推动各国经济社会发展的同时，越来越侵蚀国家安全(即国家主权的层面)。"棱镜门事件"就是极为典型的例子，有的国家利用大数据技术，可以极其隐蔽地对别的国家进行精细的情报搜集，并通过大数据预测做出有针对性的舆论战、金融战方案。这是当前国家安全领域面临的现实问题。数据安全与经济发展、国家安全息息相关。数字主权和现实世界中的国家主权一样，必须充分重视和坚决维护。

因此，欧盟、日本、俄罗斯、加拿大、印度等通过了以保护个人隐私和国家安全为主要内容的法律法规。

中国也一直十分重视有关数据安全国家立法的工作。《中华人民共和国网络安全法》《中华人民共和国数据安全法》和《个人信息保护法(草案)》等相关法律法规的出台和正式实施，将从网络安全、数据安全及个人信息保护等不同维度维护数字主权，助力我国数字经济的蓬勃发展。

13.2 警惕数字霸权

无论是"斯诺登事件""维基解密"等网络安全事件，还是"棱镜门""方程式组织""梯队系统"等网络监听监视行为，都揭示了一个现实：世界各国的数字主权，一直面临着数字霸权的威胁。

各国在数字应用上的技术水平差距巨大，美国的技术最为先进，长期占据物理网络、计算机芯片、用户设备、软件和应用程序等领域的核心地位，紧抓全球数字市场主导权，强化"长臂管辖"。以互联网IPv4根域名服务器的分布为例，全球互联网IPv4根域名服务器的主根服务器在美国，全部13个根域名服务器中有9个也在美国，因此全球互联网很大程度上依赖于美国。美国的一些政客一直致力于谋求数字霸权，即试图在底层掌握网络的控制权，通过本国的互联网企业，以提供应用服务等方式渗透，在云端监控窃取数据，然后通过掌握的数据与情报网络组成协同平台，达到霸占数字世界的目的。这从其颁布的《云法案》可见端倪。法案规定，无论数据存储在本国境内还是境外，政府都拥有调取该数据的法律权限。这相当于单方面确立了一种可以绕过数据所在国的监管机构，将本国执法效力扩展至所在国的

"治外法权"，这正是其在全球范围内谋求"数字霸权"的体现。

中国先进数字企业的后来居上，挑战了美国在数字领域的全球垄断地位，对其数字霸权造成了威胁。因此，继封杀华为、强迫字节跳动出售TikTok之后，美国的一些政客又大搞"清洁网络计划"，滥用国家力量，意欲将中国先进数字企业从全球数字市场上排挤出去，防止中国通信、互联网企业等对美国主导的互联网世界形成颠覆，竭力维护自身的高科技垄断地位，维护其数字霸权。

研究显示，中国的数字化程度虽然在全球仅位居中游，但中国的消费市场十分活跃，数字化发展潜力巨大。以人工智能为例，首先，中国拥有超过9亿的互联网用户，比其他任何国家都多。根据国际数据公司(IDC)的预测，到2025年中国数据总量有望增至48.6ZB，占全球总量的27.8%。其次，中国的人工智能专家群体是全球范围内最大的集群。这意味着中国拥有更多的专家和数据来打磨最新的AI实践。

应对"数字霸权"，是关系经济发展和国家安全的紧迫任务：一是从立法层面，强化数字主权，完善我国数据保护法律体系，同时加强与各国在"数字主权"方面的合作，推动更多国家认可和接受我国提出的《全球数据安全倡议》；二是从基建层面，深入推进以5G基建应用为核心和基础的"新基建"，带动相关产业快速发展，如智慧城市、智慧交通、智慧园区、智慧农业等，以产业发展助推数字技术创新，实现数字生态下的生产、消费、安全三者的良性循环；三是从市场层面，保持开放的市场，为ICT供应商创造公平的竞争环境，反对以自我为中心的歧视性标准，避免设置贸易壁垒，推进建立全球ICT供应链安全规范。

数字经济时代也是万物互联的时代，从数字世界到现实世界，所有国家都是休戚相关的命运共同体。互联网等数字技术让世界紧密相连，促进各国的交流沟通和协同合作，绝不能使其成为个别国家干涉他国、谋求霸权的工具。国际社会应该团结起来，制定客观公正的标准并采取有效措施建立信任，化解"数字霸权"的威胁，共同推动全球数字技术可持续创新和数字经济健康有序地发展。

参考文献

1. [英]维克托·迈尔-舍恩伯格，[英]肯尼思·库克耶著. 大数据时代[M]. 盛杨燕，周涛译. 杭州：浙江人民出版社，2013.

2. 李开复. 人工智能[M]. 北京：文化发展出版社，2017.

3. 涂子沛. 数据之巅[M]. 北京：中信出版社，2019.

4. 唐兴通. 引爆社群：移动互联网时代的新4C法则[M]. 北京：机械工业出版社，2017.

5. 郎为民. 大话云计算[M]. 北京：人民邮电出版社，2012.

6. [美]塞缪尔·格林加德著. 物联网[M]. 刘林德译. 北京：中信出版社，2016.

7. 阿里研究院. 数字经济2.0研究报告[EB/OL]. [2017.01]. http://www.aliresearch.com/cn/index.

8. 腾讯研究院. 腾讯区块链方案白皮书[EB/OL]. [2019.10]. https://www.tisi.org/.

9. 中国互联网络信息中心(CNNIC). 第46次《中国互联网络发展状况统计报告》[EB/OL]. [2020.09]. http://www.cac.gov.cn/2020-09-29/c_1602939918747816.htm.